KB103832

실전 경영 매뉴얼

최정재(데미안) 지음

비즈니스 바이블

사업 소매업 생존성 상품 직원 소비자 분석 전략 품질 보고서

창업 후 살아남는 자와 죽는 자의 차이는 바로 이것이다!

소매업/창업/경영
전문 분석가가
전하는
실전 노하우

개인기업에서
대기업까지 경험한
시스템 전문가의
핵심 코칭

시스템 개선으로
300개 지점
매출 1위 달성

최정재(데미안)

저자는 평소 시스템과 인간에 대한 깊은 관심을 가지고 있으며, 세상의 이치와 법칙을 오랫동안 연구하면서 돈을 만들어 내는 과정이 인간 생활에 가장 중요한 요소임을 깨닫게 되었다. 이러한 인사이트를 바탕으로 저자는 모든 사람들이 행복한 삶을 영위할 수 있도록 시스템을 이해하고 활용하는 방법을 알려주고자 한다. 이는 홍익인간에 도움이 될 것으로 기대된다.

저자는 성균관 대학교에서 산업공학, 동국 대학교 경영대학원에서 경영학을 전공하였고, 평소 시스템론에 심취하여 연구를 지속해 왔다. 이를 통해 세상의 이치와 법칙을 알아내 우주의 힘과 지구의 힘의 균형을 이해하였다. 또한 인간과 한국인의 본질에 관한 관심을 기울이며 신들이 누구인지 추적하고 있다. 이는 저자의 이름 데미안이 가지는 의미를 통해 이해할 수 있다. 데미안은 신들과 인간들 사이의 소통자라는 의미다.

저서로는 〈홈 바이오 디젤 만들기〉, 〈홈 바이오 디젤 기기 제작법〉이 있다. 향후 〈The puzzle of human history〉라는 저서의 출간을 준비 중이다. 이외에도 한국인의 본질과 인간들의 속성에 관한 다수의 책을 준비 중이다.

e-mail : damien.choi60@gmail.com

실전 경영 매뉴얼

최정재(데미안) 지음

비즈니스
바이블

사업 소매업 생존성 상품 직원 소비자 분석 전략 품질 보고서

차례

감사의 변 _____

우선 이 책이 완성될 때까지 나에게 성원을 보내 주신 모든 분들께 감사드립니다. 특히 항상 곁에서 말없이 응원해 준 가족에게 감사드리며, 나의 영원한 우상이신 하늘나라에 계신 아버님과 한국에 계신 어머님과 동생들에게도 감사를 드립니다.

또한 이 책이 완성될 수 있도록 사진 촬영과 책 수록을 허락해 주신 뉴저지 Irvington, Super Fresh의 이 시진, 이 시화 사장님과 동고동락했던 매니저 김 성한, NY Glen Cove의 Grace Market Place의 대표인 Dino Doria와 형제들, 매니저 Giuseppe Cosenza 그리고 NY Flushing의 Mario's SuperMarket의 대표인 Mr. Peter & Mrs. Maria Marino, 매니저 Brendan Myarthy에게 감사드리는 바입니다.

그리고 이 책의 내용들을 충실할 수 있게 나에게 학문적 기초를 가르쳐 주신 은사이신 최 창흡 교수님, 권 철신 교수님, 그리고 항상 옆에서 든든하게 학문적 조언을 해 주시며 시스템론에 심취할 수 있게 길을 열어 주신 박 영택 교수님에게 진심으로 감사드립니다.

한국에서 사회 생활 중 만난 여러 상사 분들과 선배, 후배들을 존경하지만 그 중에 특히 분석적 사고력을 계속 유지할 수 있도록 지원해 주시고 성원해 주신 동양 시멘트 계열사 대원산업의 이 경희 사장님에게 감사드립니다.

또한 이 책의 완성을 위해 검토와 의견을 보내 주신 성균관대 박 영택 명예교수님에게 다시 한번 감사를 드리는 바입니다.
그 밖의 여러 분야에서 일을 하며 묵묵히 성원과 믿음을 보내 주는 나의 친구들에게도 감사의 말을 전하고 싶습니다.
또한 나를 미워하고 질투하고 싫어하는 사람들로 인해 자극 받고 분기탱천하고 나름 생존하기 위해 새로운 길과 방법을 모색해 왔습니다.

오늘의 나는 어제의 내가 안되기 위해 내일의 나를 그려 보고 끊임없이 변화를 시도해왔습니다. 그리고 무엇인가 미흡하나 완성품을 내 놓았습니다. 이 모든 것이 나와 어떤 인연이든 악연이든 관계에 있던 모든 분들의 덕분이라고 생각합니다. 부족한 작은 나의 결실을 음미해 보시기 바랍니다.
모든 분께 진심으로 감사드립니다.

데미안 최정재 배상

서문 _____

나는 그동안 경제 활동을 통해 돈을 번다는 것이 쉽지 않은 문제라는 것을 인식했다.

요즘 젊은 사람들은 도전을 통해 자신이 원하는 사업체를 창업하고 성장시키는 것 보다 그저 공무원이나 대기업의 직원이 되어 안정적 삶을 사는 것을 좋아하는 것 같다.

만일 도전과 모험을 좋아하는 사람이라면 좀 더 적극적으로 자기 만의 사업체를 만들고 키워가는 것이 얼마나 흥미로운 일인지 알게 될 것이다.

하지만 위험을 감수하고 불편함을 감수한다는 것은 그리 쉬운 일이 아니다.

그래서 나는 그런 위험과 불편함을 줄 일 방법을 제시하기 위해 일반 경영학에서 제시하지 않는 시스템적, 분석적 관점에서 창업과 그 운영에 관한 문제를 저술하기로 마음먹었다.

그렇다고 고전적인 모든 경영학 경제학 회계학 이론이 이 책에서 배제되는 것이 아니다.

또한 나의 실제 경험에 비추어 서술하는 것이 경영학 이론과 서로 다르게 보일 수도 있다.

내가 창업을 위해 여러 책을 읽기도 했지만 특정 분야가 아니면 적용하기 어려운 창업서라 아쉬움을 남기게 되었다. 그래서 여러 분야에서 한국과 미국에서 일하며 얻은 실전적 경험을 토대로 시스템 경영이라는 관점에서 창업과 운영 관리를 하는 방법을 제시하고 자 했다.

또한 이 책의 제목인 "비즈니스 바이블"(The Bible of Business) 에서 보듯이 모든 이들이 책 내용을 이해할 수 있도록 하였으며, 이론적 배경이 약한 분들을 위해 모든 설명들을 곁들여 놓았다.

이 책이 추구하는 바는 70년대 이전 경영학의 이론이 미흡하고 아직 세분화되지 않은 시대였다. 70년대 이후 수리적, 분석적 방법의 도입으로 경영학이 매우 세분화되었다.

하지만 근래에 들어 세분화되었던 경영학 이론이 다시 시스템 론적으로 통합되는 경향을 가지고 있다. 이런 추세에 발 맞추어 모든 경영학 이론들이 필요할 때 마다 이 책에 제시되고 이용되었다. 또한 간단한 수리적 개념과 분석을 통해 합리적 이해를 구했다.

이 책을 통해 창업에 도전할 때 필수적으로 해야 할 일이 무엇인지 알았으면 한다.

위에서 초기 투자 자본에 관한 내용과 사업의 퇴각이나 매각에 관한 내용은 제외하기로 한다. 이유는 이미 사업을 위해서는 필요한 자본이 준비되었다는 것을 전제로 해야 하고 시스템의 안착과 효율적 운영에 중점을 두었기 때문이다.

당신이 이 책을 읽고 있다면 이제 주사위는 던져졌고 당신은 성공을 향해 가고 있는 것이다. 만일 실패하더라도 주저하지 마라, 패자는 실패한자가 아니고 포기한 자다.

추천사 ———————————————————

자신의 사업체를 설립하고 이를 발전시키는 기업가(起業家)가 되려면 초기 창업과정과 이를 운영하고 확장하는 사업과정을 모두 성공적으로 이행해야 한다. 지금까지 발간된 수많은 경영도서들은 창업의 초기 단계를 다루거나 안정적 궤도에 진입한 사업체의 운영효율을 높이는 것 중 하나를 다루고 있다.

이 책은 지금까지의 경영도서들과는 달리 창업에서 기업운영까지의 전과정을 입체적으로 조명하고 있다. 탄탄한 이론적 기반 위에 오랜 현장경험을 축적해온 저자가 아니면 내놓을 수 없는 역작(力作)이다. 독자들의 이해를 돕기 위해 소규모 사업체의 설립과 운영에 초점을 맞추어 설명하고 있지만 조직의 설립과 운영에 관한 기본원리는 다를 바 없다.

이 책에서 다루는 주제들을 보고 평범하다고 느낄 수도 있지만 진정한 보배는 '평범함 속에 깃든 비범함'이다. 창업의 꿈을 가슴에 품고 있는 분들이나 이미 창업한 후 현실에서 고군분투하고 있는 분들이 필독할 만한 내용이라고 추천 드린다.

성균관대학교 명예교수 박영택

1장
사업

사업 소매업 생존성 상품 직원
소비자 분석 전략 품질 보고서

사업의 기본 개념

1. 사업이란?

사업이란 "재화를 투입하여 만족할 만한 상품이나 서비스를 제공하거나 상품을 생산하고 이동시켜 제공하고 그 대가를 적정하게 받아 수익을 발생시키는 일련의 활동"이다.

하지만 이런 이론이 항상 적용되는 것은 아니다.

상품이나 서비스의 형태에 따라서 최고의 재화를 투입해서 최고급의 상품을 생산하고 최고의 가격을 받을 수도 있기 때문이다. 통상적으로 이런 과정을 관리하고 통제하는 이론은 가치공학(Value Engineering)에서 공부하게 된다.

사업을 영위하기 위한 목적은 사업체의 (1) 생존성에 관계되는 영속성(Going Concern) 이며 (2) 수익(Profit)이다.

이 두 관계는 서로 연관성과 독립성을 가지고 있다. 영속성을 위해서는 수익성을 기반으로 하는 것으로 생각할 수도 있으나 꼭 그런 것 만은 아니다. 돈이 모자라면 당연히 사업체는 생명력을 잃게 된다.

그 생존성을 유지하는 다른 방법은 자본의 추가 투입과 부채(Debit)를 이용하여 생명을 연장하게 되는 데 이는 성장 가능성이 있는 경우 일시적 자금의 한계를 극복하기 위한 방법이다.

적자가 계속되면 자본을 잠식하게 되고 더 이상 자금 조달에 실패하면 결국 유동성 위기로 파산(Bankruptcy)하게 된다. 통상적으로 부채는 자산의 200%를 초과하는 않는 범위가 적정하다고 한다.

2. 사업체란?

사업체란 영속성과 수익성을 보장하기 위한 일련의 조직이다. 이 조직은 자금을 바탕으로 조직되며, 시스템적 구성 요건은 3개이다, 이는 인력과 하드웨어, 소프트웨어이다.

인력이란 시스템을 구성하는 가장 중요 요소로서 다른 시스템의 구성요소를 통제 관리한다.

그 시스템이 가진 특성에 따라 인적 역할이 나누어진다. 그 인적 기능이 완벽하게 수행되기 위해서는 하드웨어와 소프트웨어의 구성이 잘 설계되고 설치되며 운영 되어야 하며 인적 요소에 대해 훈련이 잘 되어져 있어야 한다.

나중에 시스템 구성과 예를 설명하게 되겠지만 여러 형태의 조직이 있을 수 있다.

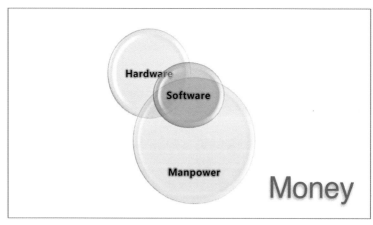

3. 시스템의 프로세스

시스템은 무엇인가를 투입하고 어떤 주어진 과정을 걸쳐서 결과가 나오는 것이다.

위에 그림으로 보여준 시스템은 가장 단순한 시스템이다.

복잡한 시스템은 투입이 여러 종류일 수 있고 과정(Black Box)이 여러 개 일 수도 있다. 중간에 결과가 나오고 그 결과들이 합해서 최종 결과가 나오는 시스템도 있다.

중간 과정에는 물리적인 기계나 컴퓨터와 같은 하드웨어적 요소가 있고 그것을 통제하는 소프트웨어가 있다. 그리고 하드웨어나 소프트웨어를 통제하는 인적요소들이 있다.

4. 시장 분석

생산하고자 하는 상품이나 서비스가 수익성 있게 판매가 가능할 지 여부를 판단해야 한다. 그 상품의 판매 가능성 여부는 그 것을 소비해 줄 소비자들이 얼마나 존재하는 가 하는 것이다.

결국 시장 분석은 소비자의 필요성 분석에 기인하여 기존 제품 또는 신제품의 선택과 설계, 생산, 출하 출시 시기, 가격, 장소등을 결정한다.

또한 경쟁 상품의 성능 가격 등 특성을 비교분석도 해야 한다.

5. 시장의 종류

내가 하고자 하는 사업이 어떤 종류의 시장에 속 하는 지에 따라 운영 방식이 달라진다. 아래의 시장 종류를 잘 파악하고 내가 어떻게 사업체를 구성하고 운영 관리해야 하는지를 고려해야 한다. 이는 시장의 종류에 따라 적극적 마케팅 전략이 가능한지 아니면 고 가격 정책이 가능한지 여부와 상품이나 서비스의 품질을 어느 정도로 해야 하는 지를 결정해야 하기 때문이다.

1) 독점(Monopoly)

독점은 오직 한 명의 사람이나 하나의 단체(기업 등)만이 상품이나 서비스를 제공하는 시장을 말한다. 즉, 이는 경쟁이 실종된 상태로, 독점 시장에서는 대체재를 구할 수 없다. 여기에서 독점은 판매자가 하나뿐인 경우로, 특허에 의해 상품의 제조가 특정인이나 업체에 제한되거나 법률에 의해 상품이나 서비스가 제한되는 경우 만들어지는 시장 형태이다. 특히 정부가 시장을 독점하는 경우 정부 독점이라고 한다.

2) 독점적 경쟁(Monopolistic Competition)

독점적 경쟁이란 불완전 경쟁의 한 형태로 완전 경쟁과 독점의 중간적 시장형태이다. 독점적 경쟁 시장에서 단기에는 기업들이 독점과 같이 행동할 수 있지만, 장기에는 다른 기업들이 시장에 진입해오기 때문에 점점 완전 경쟁의 형태에 가까워져 독점적 지위를 누릴 수 없게 된다.

3) 과점 시장(Oligopoly)

한 종류의 물건을 판매하는 사람이 소수밖에 없을 때 과점이라고 한다.

보통은 4개까지를 과점의 마지노선으로 잡는다. 정확히 말하자면 한 종류의 물건을 판매하는 공급자들의 시장 점유율을 제곱해서 그 값을 합하는 Herfindahl – Hirschman Index, HHI를 쓴다. 그 값이 높을수록 과점~독점 시장이라고 볼 수 있다.

상품의 특징이 대자본을 요구하게 되어 대기업이 생산하는 경우 결국에는 대부분 과점상태가 된다고 한다. 정유, 통신 등 큰 투자가 요구되는 인프라가 필요한 시장은 대부분 과점이다. 규모의 경제 때문에 흡수합병 등을 하게 되고, 특히 소비재인 경우 일반 소비자들이 브랜드를 기억하는 것이 3개 정도가 일반적이다.

물건을 판매하는 사람이 다수지만 상위 2~4개사의 시장점유율이 대단히 커서 이외 사업자의 물건이 시장에 미치는 영향이 거의 없을 경우에도 넓은 의미의 과점이라고 볼 수 있다.

4) 완전 경쟁 (Perfect Competition)

완전 경쟁(Perfect competition)이란 경제학에서 말하는 이론적인 시장모형으로, 생산자와 소비자가 시장의 가격 결정에 아무런 영향을 미칠 수 없는 시장을 말한다. 완전경쟁시장은 경제적으로 봤을 때 효율성이 극대화되기 때문에 경제적 잉여가 최대인 상태이지만, 현실적으로는 존재할 수 없는 이론적인 모형이다.

완전경쟁시장이 성립하기 위해서 크게 4가지 가정

1) 다수의 수요자와 공급자: 시장에는 다수의 생산자와 소비자가 존재하므로 개별 생산자, 소비자는 가격에 아무런 영향을 미칠 수 없다. 즉 시장에서 결정된 가격을 주어진 것으로 받아들이는 가격수용자 (=가격순응자=Price taker)로 행동한다.

2) 재화의 동질성: 모든 생산자가 생산하는 제품은 대체 가능하며, 아무런 차이가 없는 동질적(homogeneous product)인 제품이다.

3) 자유로운 진입과 퇴거: 시장 진입이 자유로우며 퇴출도 자유롭다.

4) 완전한 정보: 모든 경제주체가 완전한 정보를 보유하고 있으므로 정보 비대칭성이 발생하지 않고, 일물일가의 법칙이 성립한다.

6. 산업의 형태

제1차적 산업	제2차적 산업	제3차적 산업	제4차적 산업
	물류저장업		
제조업 (Manufacture)	(Stock), 운반업 (Carrier)	소매 판매업 (Retail)	금융업
생산자 (Producer)	도매업 (Vender)	서비스업 (Service)	정보통신업

(1) 제1차적 산업

제조업: 물건을 기계적으로 제조 생산하는 업을 말하며 이는 제품의 설계 생산 판매 등의 순환 과정을 갖는 다.

생산자(식물 채소등): 자연을 기반으로 노동력을 투여하여 물품을 생산하는 업

(2) 제2차적 산업

물류 저장업: 시기적 차이에 의해 발생하는 시장의 수요와 공급의 차이를 이용하여 그 부가가치를 증가시키는 업이다.

운반업: 공급 보다 수요가 많은 곳으로 물품을 이동시켜 제품의 소모 효율을 증가시키고, 제품의 회전율을 증가시켜 부가가치를 획득하는 사업

도매업(Vender): 같은 카테고리의 상품을 집중 수집하여 필요한 제품과 수량을 소매업에 공급하는 사업의 형태.

(3) 제3차적 산업

소매업: 소비자에게 필요한 물품을 공급하는 업으로 부채를 수용하지 않아 현금의 회전율이 높은 사업

서비스업: 소비자에게 자신이 가지고 있는 기술과 제품을 직접 대면하여 제공하는 사업

(4) 제 4차적 산업

금융업: 재화를 빌려주고 받는 이자(부가가치)를 수익으로 하거나, 위험을 기반으로 위험수익을 얻는 사업

정보 통신업: 정보를 제공하거나, 서비스하고 받는 수익을 기반으로 하는 사업

(5) 제 5차적 산업

현대는 전자적으로 잘 발달되어 성능이 우수한 컴퓨터가 등장하고 5G의 전파 데이터 수집 방법의 발달로 인간들의 행동 양식과 패턴을 읽을 수 있는 빅 데이터를 활용한 시스템이 활용 중이다. 소비자 분석 그리고 그 정보를 이용한 마케팅 전략의 수립, 물류 유통 사업의 혁신적 변화 등 수많은 분야에서 이용 중이다.

물류 유통업이 과거에는 2차 산업으로 분류되어 있으나 요즘의 물류 유통업은 물품의 자동 분류와 보관 그리고 상차가 자동화됐다. 운송도 이제 자동차가 무인화에 도전하고 있으며, 드론으로 배달하는 시대가 왔다. 내가 이런 2차원의 산업 분류를 전

자적 시스템을 가진 제5차 산업으로 분류하였으니 학문적인 분류는 아니다.

위의 기본 개념으로 사업의 정의, 사업의 구성 요소, 시장의 종류, 산업의 형태를 알아보았다.

내가 하고자 하는 사업이 어느 분야에 포함되는가를 알아야 경쟁자들이 어떤 생산 방식과 판매 전략을 선택할지, 또한 자신의 고객이 어떤 사람인지를 알아야 내가 그들의 욕구나 필요성에 맞게 어떤 조치를 취할 지 결정을 할 수가 있기 때문이다.

사업의 분류

내가 하고자 하는 사업은 어느 사업 부문에 속할까? 분류해 보자.

1. 제조업을 할 것인가?
제조업은 상품을 제조해서 판매하는 업으로 대체적으로 공업 제품에 해당된다. 가령 핸드폰이나 컴퓨터 등의 전자제품들이 거기에 해당된다.

2. 서비스업을 할 것인가?
서비스업은 미장원이나 병원 등 기술을 제공하고 그에 대한 대가를 받는 업체다.

또는 경영 컨설팅이나 마케팅 컨설팅업처럼 지식 노하우를 제공하거나 경험적 노하우를 제공하는 서비스 형태도 있다.

3. 판매업을 할 것인가?

도매 판매업은 제조업에서 생산한 물건을 소비자에게 판매하기 위해 소매점에 공급하는 역할을 하는 업체이다.

다른 형태의 판매업은 물건을 생산자 또는 도매상에서 사서 소매로 파는 방법이 일반 판매업이다.

4. 기타 업체

운반업과 같이 재화를 이동하는 형태의 사업도 존재한다.

음식점과 같이 생산, 판매가 동시에 이루어지는 사업 형태도 존재한다.

또한 아마존과 같이 물건을 창고에 직접 보관해 자신이 보유한 운반 수단을 통해 고객에게 직접 배달하고 판매 수수료를 판매자에게서 받거나 판매 대행을 통하고 판매자가 직접 고객에게 다른 배송 시스템을 이용하여 배달하고 그 판매 수수료를 받는 업을 하거나 이에 따른 판매 분석 수단을 제공하고 그 이용료를 받기도 한다.

어떤 상품이나 서비스를 제공할 것인가?

어떤 상품이나 서비스를 제공할 것인가? 하는 문제는 사업의 시작 단계이다.

많은 사람들이 고민하는 것 중 하나이며 아무리 좋은 아이디어라도 시작을 하지 않으면 그냥 아이디로 묻어져 버리거나 시기를 놓치게 되어 인기 없는 상품이 된다. 따라서 적절하게 시장에 상품이나 서비스를 출시하는 것이 매우 중요하다.

1) 신규 상품의 출시

새로운 아이디어로 새로운 개념의 제품을 만든다.

이 시도는 새로운 시장을 열어 독점적 경쟁 우월성을 가진다. 하지만 시장이 열릴 때까지 고전이 예상되는 매우 위험한 시도이기도 한다.

2) 기존 상품의 출시

기존에 존재하는 물품을 똑같이 생산한다.

만일 특허기간이 끝나서 법적 제재가 없고, 공급이 적고 수요가 존재하여 시장성이 아직도 있다면 동일한 상품을 출시하는 것도 하나의 방법이다.

또는 특허권이 없는 기존의 상품을 시도할 수도 있다.

3) 기존 상품의 디자인 변형 출시

기존의 기능을 가지고 있으나 디자인을 변경한다.

기존의 기능을 포함하여 디자인을 보다 효율적이거나 멋지게 바꾸어 상품화할 수도 있다.

4) 기존 상품의 기능 추가 출시

기존의 기능을 가지고 있으며, 추가로 기능을 탑재여 복합적 기능을 가지는 상품으로 만들 수 있다.

 위에서 제시한 어떤 상품을 제시할 것인가를 예시한 모든 조건을 갖춘 상품을 예를 들자면 대표적 상품이 스마트 폰이다.

이는 그리 **오래되지 않은 신상품**으로 계속 **디자인**이 바뀌고 **기능도 계속 추가 수정되고** 있다. 또한 기본 기능인 통신 기능만 아니라 지도, 사전, 나침반, 날씨, 게임 등 여러 다른 정보를 제공하는 **기능이 통합**되고 있다. 이는 하드웨어의 업그레이드도 큰 몫을 차지하지만 앱 개발자들의 노력으로 그 사용 편이성이 늘어나 수용가 증가하는 측면도 많다. 또 다른 측면은 전파 기술의 발달로 디지털화된 5G와 같은 초 고속 통신망도 한 몫을 하고 있다.

이 제품은 기능이 많아 당분간 시장이 계속 커질 것으로 예상되나 일정 시간이 지나면 시장의 확대가 중지되고 점차 축소하게 될 것이다.

왜냐하면 인구 감소와 노령화로 고성능 기능을 탑재한 스마트 폰의 필요성이 줄어들기 때문이다. 또한 초 고속 통신망은 전파의 통신 도달 거리가 짧아 중계 시설의 설치 비용과 운용 비용이 증대하고, 전파의 파장으로 인해 생태계가 교란되어 환경 단체가 반발할 경우 한 순간에 붕괴될 위험성도 매우 높다.

사업의 기획

이런 기본적 개념을 기초로 우선 창업 절차들을 알아보자.

자기가 잘 아는 분야로 사업하는 것이 제일 좋다.

하지만 그 분야가 사업성이 있는 지를 알아보아야 한다. 단지 감만으로는 그 사업을 시작하고 안정시키며 발전시킬 수 없기 때문이다.

창업하고자 하는 사업의 예로 한때 미국에서 성업 했던 "중국 음식 패스트 푸드점"을 한국에서 한다고 가정을 해 보자.

그 절차와 방법은 무엇이며 어떻게 해야 하는 가?

1. 예비적 사업 기획

1) 사회적 변화 추이 연구

이 음식이 미국내에서 동네에 한 두 곳 중국 패스트 푸드점이 있을 정도로 잘 팔리는 제품이다.

이제품은 미국에서 $7.50에서 $15.00 사이에서 팔린다.

이런 산업이 한국에서 열풍을 불 것이라고 예상했으나 전혀 움직임이 없었다.

2) 필요성 분석, 경쟁적 우위 분석

우리나라는 사회적으로 경제 상태가 나빠지기 시작하고, 소비층이 양분화가 심화되기 시작했다. 따라서 가격이 저렴하고 열량이 높은 상품의 필요성이 증대한다.

이러한 상품이 맛, 양, 가격과 열량이 우수하다면 다른 상품에 비해 판매에 우위를 가질 가능성이 높다.

3) 아이템 선정

중국 패스트점의 아이템은 고기류와 야채류, 그리고 볶음밥, 면류로 나누어져 있다. 이 재료를 적절하게 볶거나 튀김을 해서 제품을 만든다. 기름을 사용하거나 튀긴 요리는 "튀긴 신발도 맛있다"는 속성이 있다.

4) 수요 예측

한국에서 점심이나 또는 한끼를 해결하는 데 드는 돈이 통상적으로 5,000원~10000원 정도 소비된다. 그리고 국민 소득이 높게 나오나 소득 비중이 양분화 되어 일부 국민은 소득이 감소하고 있다. 이 줄어드는 국민의 비중이 높아지면 높아질 수록 이 제품의 필요성이 증대할 것이다. 왜냐하면 저소득층이 종사하는 직업군은 대체적으로 열량 소모를 많이 하는 직업군으로 열량이 많은 음식이 필요하다.

또한 한국에서 건강에 유해하다는 이유로 튀긴 요리를 피했으나 경제 상황이 나빠질 수록 열량과 포만감이 큰 중국 패스트푸드점의 음식이 선호돼서 이 제품의 판매량이 늘어날 것으로 예측한다.

5) 경쟁 분석

이 상품은 초기 진입이 쉽고 제품화가 쉬운 직종이다. 먼저 제품화하여 판매를 시도한다면 지역 상권을 장악할 가능성이 높다. 또한 일반 중국 음식과 유사해서 그들이 경쟁해 온다면 초기 고전이 예상되나, 생산 시스템을 잘 한다면 굉장한 경쟁력을 보유하게 된다.

6) 수익성 분석

이 사업을 하기 위해서는 약 10평정도의 작은 공간이 필요하다. 제품을 생산할 장소와 손님을 응대할 장소로 나누어 진다.

초기 사업 방식은 테이크 아웃과 배달을 중심으로 장사를 한다고 하고 배달은 자체 배달을 한다.

초기 투자비는 감가상각을 통해서 상계 처리하고 일반 비용을 감당할 정도의 판매를 해야 하는 가를 알아보자.

일단 월 인건비 500만원(2명), 재료비 200만원, 임대료 200만원 그리고 일반 관리비 100만원이라고 하자.

상품의 단가는 5,000. 총 비용은 1,000만원 그렇다면 얼마나 팔아야 할까?

생존을 위한 제품 판매 수량은 월 2000 그릇을 팔아야 한다. 주 500 그릇, 하루(6일 근무) 83 그릇이다. 이때 이 사업은 개인 사업이므로 500만원, 인건비의 일부는 자신이 가지고 가는 것이다. 초기 사업 정착 전까지 판매량에 도달하지 못한다면 자신의 임금을 일부 희생할 수밖에 없다.

7) 시스템의 설계

위에서 이 사업을 성공하기 위한 판매량을 예상해 보았다. 보다 효율적인 사업을 위해 비용이 절감되는 시스템을 설계해 보자.

일단 고객이 상품을 확인하고 주문과 결제를 자동화를 통해 간소화하자.

고객이 그 정보를 주방에 전달하는 시스템을 갖추자. 그러면 조리사가 정해진 레시피에 의해 조리를 하고 제품 용기에 담은 후에 조리 완료 버튼을 누르면 소비자에게 알려 테이크 아웃 해 갈 수 있도록 한다.

그렇게 하는 경우 조리사가 혼자 운영하는 1인 매장으로 구성이 가능하다.

8) 조직 구성 분석

만일 이 사업이 활성화되면 더 많은 판매를 위해 주방 보조, 계산원 및 고객 응대 서비스 직원이 필요하다. 하지만 보다 큰 면적이 필요하고 여건이 개선되어져야 한다. 이 사업이 성공하기 위해서는 사업의 정착기가 매우 중요해서 경제성 위주로 운영을 해야 한다. 즉 얼마나 적은 인원으로 조리를 시스템적으로 하느냐가 관건이다.

9) 사업 결정

위의 모든 점검 상황들이 확인된 후 투입 자금과 점포의 장소들을 물색해 보고 사업을 시작하기로 결정한다. 자 이후 모험이 시작되는 것이다.

2. 상세 사업 기획

1) 제품설계
(1) 메인 제품과 부재료의 조합

분류	소고기	돼지 고기	닭고기	새우
브로콜리	제품화	제품화	제품화	제품화
차이니스야채	제품화	제품화	제품화	제품화
박초이	제품화	제품화	제품화	제품화

(2) 베이스로 공급되는 밥류

흰밥	야채 볶음	돼지고기 볶음	면류	만두

(3) 기타 제품

돼지갈비 바비큐	닭 반 마리 튀김	오리고기 튀김	감자 튀김

(4) 소스류

짠 소스	매운 소스	단 소스	고소한 소스

제품의 구성보면 메인 재료는 주로 단백질과 지방으로 구성되

사업

어져 있고 야채류가 기타 섬유질과 미네랄을 제공한다. 그리고 밥과 면류 만두가 탄수화물을 공급하는 것으로 되어져 있다. 대체적으로 영양공급 면에서 균형을 가지고 있고 그 제품에 첨가되는 소스에 따라서 맛이 짜거나 달거나 맵거나 하는 특질을 가진다. 또한 소화를 돕기 위해 스프나 탄산음료가 제공되기도 한다. 이것은 소비자의 특성에 맞춘 것으로 이 제품은 지방을 사용하는 요리 특성과 다양한 입 맛에 맞출 수 있는 굉장히 잘 발달된 음식이다.

2) 시제품 테스트

위에서 만들어진 제품 설계 기준으로 실제 제품을 만들어 야 한다. 이때 최적의 요리 방법과 재료의 특징 그리고 표준화를 해야 한다. 그래야 일정한 품질과 맛을 유지할 수가 있다. 때론 조리사가 바뀌는 경우 심각한 맛의 변화로 고객을 잃을 가능성을 줄여야 한다.

3) 완제품 테스트

여러 번의 실험을 통해 표준적인 제품이 만들어지면 이것을 판매용 용기에 담아서 판매할 때 어떤 현상을 일으키는 지를 확인해야 한다. 영양 성분은 충분한지, 배달 시간 중에 맛이 변 하지 않는 지, 배달 후 냉장 보관하지 않은 상태에서 어떤 현상을 일으키는 지, 냉장 보관하면 얼마 정도 보관이 가능한지, 재료 중 엘레지를 만들 가능성이 있는 것은 없는 지 등 위험 요소들을 확인해야 한다.

4) 양산, 판매

이렇게 생산의 표준화를 통해 제품이 결정된 후 제품이 미래에 발생시킬지 모르는 위험 요소를 판단하고 그 설명서를 스티커로 만들어 붙여 고객에게 전달해야 한다.

이렇게 안전이 확인된 제품은 양산하고 판매한다.

3. 관리적 요소

만일 이 제품이 양산 판매되고 성장한다면 제품을 후속적으로 관리하여야 한다.

소비자의 동향을 분석하고 맛을 추적하여 재료를 개선하고 보다 고급화한 버전으로 변화시켜 소비층을 확대해 나가야 한다. 아니면 그냥 동네 중국집으로 남을 뿐이다.

4. 인적 요소

인적 요소의 관리는 조리사 양성 프로그램을 만들어 이 사업의 영역을 넓혀가고 그에 따른 관리인원을 늘려가야 한다.

위의 사업 기획을 보여준 것은 어떻게 제품을 만들어 가느냐 그리고 발전시키는 가를 예시로 보여준 것이다. 만일 다른 업종의 일을 하고자 한다면 다른 과정을 거치게 될 것이다. 하지만 위의 과정을 추진 중인 사업과 단계와 과정을 나누어서 단계적으로 적용을 하면 손 쉽게 접근할 수 있을 것이다.

사업체의 성격

영리활동을 하는 사람들이 가끔 하는 말이 '장사해' 또는 '사업 해'라고 말을 한다.

장사와 사업의 차이는 무엇일까? 영리활동을 하는 것은 맞으 나 그 운영에 있어 미묘한 차이를 가지게 된다.

장사와 사업의 정의를 해보면 다음과 같다.

장사의 정의는 물건을 사서 팔아 이익을 얻는 것이다.

기존에 존재하는 물건을 사서 소비자에게 전시하거나 소개하 고 판다면 장사에 해당된다.

이 물건을 사겠다는 사람들이 존재하고 그들이 이 물건을 찾거 나 장사하는 사람이 살 사람을 찾아 다녀야 한다. 그 후 돈을 지 불하고 물건을 구매한다. 즉 소비자가 불특정 다수라는 것이다.

사업은 어떤 일을 일정한 목적과 계획을 가지고 짜임새 있게 지 속적으로 경영하는 것이다.

사업은 영리 사업이기도 하고 비영리 사업이 있기도 하다.

위에 장사에서 설명한 상품을 이 사업체에서 생산하는 경우 그 사업체는 단순한 장사의 수준이 아니다. 이 물건을 생산하게 위 해 소비자의 필요성과 구매 가능한 량을 판단하고 그 생산량에 맞추어 재료를 사야 하고 기계를 통해 생산하고 영업에서 완성된 제품을 중간 업체에 팔아야 한다. 또한 생산 직원의 생산 일정과 관리직원, 영업 직원들의 활동을 관리 조정해야 한다. 이때 중간 업체는 정해진 수의 업체이므로 소비자가 정해져 있다.

비영리 사업은 물건을 파는 것이 아니고 공공의 이익을 위해 계획을 가지고 추진하는 일이다.
예로 결식아동 돕기와 같은 좋은 일을 추진하는 일은 누군가가 자금을 모집하고 재료 사서 제조하고 무료로 현물 지급 시스템을 만들거나 아니면 제조된 음식을 사 먹을 수 있는 쿠폰을 지급하거나 해야 한다. 여기서 그 쿠폰을 받을 수 있는 자격을 확인하는 시스템을 만들어야 한다.
이러한 일은 단순하게 처리되는 것이 아니고 목적과 계획에 따라 지속적으로 경영하고 관리하는 것이다.

위 두 예시를 통해 장사와 사업은 조금 다른 특징을 같다는 다는 것을 알았을 것이다.
하지만 장사를 특정한 시스템으로 발전시켜 좀 더 조직화하고 체계화하면 사업이 되는 것이다.

음식 프랜차이즈 사업을 예로 보자.
식당을 개설하고 자신이 직접 조리한 특별한 음식을 만들어 팔았다고 하자.
그 사람은 장사를 해서 성공하였다. 그래서 사업을 확장하고자 했다. 그래서 그는 수평 계열화를 통하여 다른 지역에 점포를 개설하였다. 하지만 자신이 직접 운영을 할 수 없어 관리인을 두고 운영하였다. 하지만 운영이 잘 안되었다.

이유는 맛을 내는 공식이 표준화가 되어있지 않아 맛을 유지하기가 어려울 뿐 아니라 서비스의 질과 관리가 철저하지 않기 때문이다.

따라서 재료의 표준화, 조리 방법의 표준화, 서비스의 표준화, 관리의 표준화되어 있어야 한다. 이렇게 표준화가 이루어지면 이를 통해 가맹점 사업을 할 수가 있다.

그래서 표준화를 통해 다른 사람에게 동일한 맛을 낼 수 있게 식재료 공급과 조리 교육과 같은 부가 서비스를 제공한다면 그 것은 사업이 되는 것이다.

사업의 시작

사업의 시작은 꿈에서 시작한다.

무엇인가 자신의 세계를 만들고 싶어 하고 모험적 세계로 들어가고자 하는 열망이 있어야 한다.

단순히 무엇을 하고 싶다는 욕망 만으로는 안된다. 사업의 길은 무에서 유를 창조하는 과정이며 고도의 지식과 많은 지혜가 필요하고 많은 시간이 걸리는 인내심을 요구되는 과정이다.

돈과 인간 그리고 조직, 그 관계로 규정되는 보이지 않는 흐름과의 싸움이다.

조직을 만드는 것은 단기간에 만들 수 있으나 만들어진 조직이 성숙하고 원활하게 작동하는 데는 많은 시간이 요구된다. 이 많은 시간 속에 제품의 품질이 좋아지고 수요가 많아져 시장이 성숙하여 소비자의 구매가 늘어나면 조직이 활성화되어 그 조직 규모가 점차 커져 직원들이 늘어난다.

따라서 사업체가 안정적으로 성장할 수 있도록 관리하여야 한다.

꿈은 자신이 가장 잘하는 것이기도 하고 자기가 하고 싶은 일이기도 하다.

이 꿈을 이루기 위한 회사 조직을 만들어 효율적으로 운영하기 위해서는 유형적 조직을 만들고 그 조직 속에서 다시 무형의 업무 흐름을 만들어야 한다.

그리고 실행적 하부 조직간 연관성을 만들고 상부조직과 하부 조직간 관리 업무 흐름을 만들어야 한다.

이렇게 효율적으로 새로운 조직이나 업무 흐름을 만든다는 것은 쉬운 일이 아니다.

물론 사업의 과정 중에서 자연스럽게 필요에 의해 그 관계들이 만들어 진다.

하지만 이런 필요성을 먼저 인식하고 보다 좋은 조직을 만들기 위해 자리에 알맞은 인적요소인 직원을 고용하고 그 조직내 또는 다른 부서와 유대관계를 잘 유지할 수 있는 방법을 강구하면 효율적 조직 운영을 할 수 있게 된다.

사업체의 시작은 개인, 소기업, 중소 기업, 대기업 그리고 초 대기업으로 출발할 수 있다.

일정규모의 중소기업, 대기업, 초 대기업은 많은 자본과 노력이 필요하므로 개인이 현실적으로 만들기 어렵다.

여기서 다루고자 하는 것은 사업을 시작하는 방법과 효율적 운영을 다루는 것이므로 적은 자본으로 할 수 있는 소규모 조직에 관해 설명을 하는 것이 좋을 것 같다.

소기업은 1인 개인 기업, 소규모 직원수의 개인기업으로 나눌 수 있다.

이 소기업은 법인 사업자가 아닌 일반 사업자를 의미하는 것으로 장부 기장이나 세무 보고등을 간단히 할 수 있고 운영관리가 쉽고 복잡하지가 않다.

중소기업의 경우는 거의 법인 사업자이고 일정 규모이상의 직원과 관련 규정에 의해 운영된다.

일반직원 관리직원 경영진 등으로 되어 복잡한 구조를 가지게 된다. 이런 조직에 대해 개괄적 설명을 하게 되겠지만 구조가 복잡하여 경험이나 지식 없이 새로운 사업을 중소기업으로 시작해서 영위하기는 매우 어렵다. 따라서 중소 기업은 운영 관리 측면 보다 사업의 인수를 통한 시작 관점에 맞추어 설명하기로 한다.

1인 기업의 운영

처음 혼자서 모든 업무를 담당하는 1인 개인기업으로 출발해 점차 업무량이 늘어나면 직원을 채용하여 업무를 나누어 수행한다.

1인 기업은 생산 및 운반, 영업 및 판매, 회계 및 관리 등 모든 영리 활동을 혼자서 하는 것이다.

사무실이 필요하기도 하고 없기도 하다 또한 물품을 보관할 창고가 필요하기도 하고 다른 창고의 일부를 빌려 일정 공간만 임대할 수 있다. 상황에 따라 적절하게 비용을 통제할 수 있는 장점이 있다.

매출도 개인 능력에 따라 성과가 다르다. 영업 활동을 통해 발생하는 경비 및 임금을 모두 감당할 만한 매출을 통해 이익이 있어야 한다.

여기서 모든 업무의 흐름인 기안, 검토, 결제의 모든 기능을 한 사람이 수행한다.

과거 현재 미래의 모든 회사의 운명을 결정하는 사람이 오직 1 사람이다.

1이상 ~ 5인 이하 개인 기업의 운영

1인 기업에서 성장을 하면 그 시스템의 기능을 분화하여 업무를 담당해야 한다.

여기에는 1인 기업의 업무를 좀 더 나누어 직원들에게 임무를 부여한다.

생산 직원 또는 구매 직원, 영업 및 판매 직원, 회계 및 관리직원, 관리자, 경영자이다.

여기서 5인이하의 개인 기업은 업무가 나누어져 있으나 확실히 분화된 것이 아니고 적정선을 넘나 들며 서로 도와 가며 일해야 한다. 가령 생산에 문제가 있거나 물건 수송에 문제가 생기면 관리자가 도움을 주기도 하고 다른 직원들이 도움을 주기도 한다. 매우 유연성을 가진 조직이어야 한다.

이 조직은 기안 검토 결제의 흐름을 가지게 된다. 기안은 직원이 검토는 관리자가 결제는 경영자가 하게 된다. 과거 현재 미래 중 과거는 직원들이 현재는 관리자가 미래는 대표가 책임지게 된다.

중소기업

한국의 중소기업은 상시 근로자 50~300명 정도의 기업으로 자본금 30~80억, 매출 300억 이하로 업종에 따라서 그 기준이 다른다.

이 기업은 소수의 인원이 주주로 같이 사업에 종사하는 경우가 많다. 따라서 주인이 각기 여러 분야를 나누어 맡아 관리하며 그 지휘력이 강력한 편이고 목표 중심적이다. 가족들이 많이 관여하게 되어 가끔 파벌적인 문제를 갖는 경우가 많다. 하지만 이 중소기업은 그 기능이 완전히 분화되어 부서원, 부서장 그리고 그 부서를 총괄하는 임원이 존재하며 그 위로 대표가 총괄한다.

이 조직은 기안, 검토1, 검토2, 검토3, 결재의 과정을 가진다.

기안은 직원이 검토1 단계는 하위 관리자, 검토2는 상위 관리자, 검토3는 경영진, 결제는 대표의 과정을 거친다.

이렇게 일반 사항이라도 다단계의 검토 과정을 통해서 신중한 의사결정을 하며, 중요한 운영 사안은 경영진 회의를 통해 의사결정을 하는 경우도 많다. 다른 회사 정책에 관한 사항은 이사회에서 결정하거나 주주총회에서 결정한다.

과거 현재 미래를 결정하는 사람들은 과거는 직원들이 현재는 관리자와 담당임원이, 미래는 운영진과 대표가 결정한다.

이렇게 사업을 어떤 형태로 시작을 할까 하는 아이디어를 제공하는 차원에서 정보를 제공하였다.

그들이 가지는 사업의 규모를 판단하여 어느 정도의 사업을 해야 할까 고민하며, 내 사업이 번창하며 어떤 발전 단계를 거쳐서 어떻게 해야 보다 큰 규모의 사업으로 갈 것인가하는 것을 알 수가 있다.

통상적으로 개인 기업에서 법인 사업자가 되는 경우 여러 규제로 인해 비용이 상당히 상승한다. 따라서 외부의 업무 대행회사를 통해 인건비를 절약하는 방법도 있다.

회계 관리 대행 회사를 통해 장부기장 또는 결산을 맡기면 직원을 줄일 수 있어 비용을 감소시킬 수 있고, 기업 규모가 커져서 개인 기업에서 중소 법인 기업으로 운영하여야 한다면 장점과

단점을 비교 분석하여 법인 보다 합명회사나 합자회사로 운영
해도 된다.

이렇게 사업을 위한 1인 또는 소규모 중소기업의 형태를 알아
보았다.
하고자 하는 사업의 규모에 비추어 어떤 형태의 사업체를 유지
해야 하는 지를 고려해야 한다.

사업의 시작 그리고 확장

가끔 장사를 시작하는 분들이 같은 지역에 기존에 많은 판매점
이 있는 데 같은 형태의 상점을 하면 살아남을 까? 하는 걱정을
하게 된다. 그 걱정은 당연하다.

그렇다면 생존의 방법은 무엇일까? 보다 싼 가격으로 물건을
사야 한다.
아니면 공급보다 더 많은 수요의 고객이 존재해야 한다.
또 다른 방법은 경쟁자 보다 적은 비용이 발생하는 운영 시스템
을 가져야 한다.
그렇게 할 자신이 없으면 그 장사를 할 수 있는 적정한 다른 지
역을 찾아야 한다.

만일 수익성 있는 사업을 원한다면 판매 시장이 현재는 작지만 장래 판매 시장이 커질 가능성이 있는 상품을 선택하고 그 사업을 시작하는 것이 좋다.

이는 시장의 크기가 커지는 동시에 조직 성장이 동시에 이루어져 유리할 수도 있다.

하지만 성장이 느리면 생존성을 위협하게 되어 상당한 모험과 위험이 따른다.

이런 신규 제품이나 초기 출시제품은 초기 성장이 느리기 때문에 사업화 하기 위해서는 그 위험률을 줄여야 한다. 따라서 시작 단계에서 신중한 선택을 해야 한다.

만일 현재 안정적으로 사업체를 운영하고 있다면 그 수익으로 동종 또는 다른 업종의 새로운 사업체를 시작할 수가 있고 어느 정도 새로운 사업체가 생존성이 확보될 때까지 지원이 가능하다. 하지만 시장이 열릴 때까지 무리하게 오랫동안 투자한다면 기존 사업체의 생존까지 위협할 수 있다.

또한 기존의 사업이 번성 중이라면 다른 업종의 신규 사업보다는 수직 계열화 또는 수평 계열화를 통해 사업을 확장하는 전략이 더 효과적일 수 있다.

수직 계열화는 생산되는 상품의 부품 생산이나 부품을 조립해 반제품을 제공하는 업체 같이 동종의 업종을 지원하는 업체를 운영하는 것이며, 수평 계열화는 기존 점포나 회사에서 생산하거나 팔고 있는 제품을 다른 지역에서 똑 같은 방식으로 운영하는 것이다. 수직 계열화의 장점은 부품단가를 저렴하게 유지할 수 있고 부품의 공급 안정화를 가지고와 수요가 증가하거나 안정적일 때 사업의 안정화를 가질 수 있다는 장점을 가지고 있다. 수평 계열화의 장점은 수요가 폭발할 때 공급 여력이 충분하고, 다른 생산 시설의 주문 수요가 많아 공급이 어려울 때, 서로 지원이 가능해 시장 지배력이 커진다는 것이다. 또한 대량 구매로 원재료 구매력이 증가해 상품의 원가가 내려가 경쟁력이 상승하는 장점이 있다.

하지만 전체적으로 수요가 감소하면 모두 어려움에 빠진다는 단점이 있다.
이때 적자를 내는 취약한 점포 또는 조직을 정리하게 된다.

사업의 시작의 예시

1인 기업

예로 식당을 한다고 하고 직접 조리한 상품을 판매하기 위한 절차를 알아보자.

재료 손질(2시간), 음식주문(5분), 음식조리(10분), 서빙(5분),

손님 식사 시간 (30분), 계산(3분), 식기 회수(5), 식탁정리(2), 식기세척과 건조(5)이다.

이 일련의 과정을 1인이 직접 조리하고 응대하는 작업을 잘 수행하기 위해서는 재료 손질이 상점 오픈 전에 이루어 졌다는 가정을 할 때 직원이 일을 하는 시간의 총합이 35분이다.
따라서 조리 시간, 손님 응대 시간을 고려하면 1시간에 2명의 손님 접대가 가능하다.
따라서 이런 시스템으로는 사업체를 유지하기가 어렵다.

1인 이상 개인 기업 소기업

이 시스템이 보다 효율성을 가지려 한다면 업무가 주방과 판매 매장의 기능이 분리되어져 있어야 한다. 그래야 업무 수행에 무리가 없고 서로 협력 관계를 이루어 남는 노동시간에 서로 도울 수가 있다. 사업이 잘 되어 업무량이 늘어나면 보다 많은 직원을 채용하고 업무를 세분화하여 담당하게 한다.

주방의 경우 주방 보조를 통해 조리 재료를 준비시키고 조리사는 계속 조리하게 한다.
조리된 음식은 판매 매장 직원에게 인수되어 손님에게 전달된다.
손님이 식사를 마치면 판매매장 직원이 주방 안으로 식기를 운반하고 식기 정리 담당 직원이 인수하여 식기를 세척하고 건조한다.

판매 매장에서 한 직원이 계산 업무를 담당하게 하여 돈의 관리에 대한 책임감을 갖도록 하고 판매 매장에의 정리는 매장관리 직원이 음식 서빙과 테이블 청소 그리고 식기를 주방으로 운반을 담당하게 한다.

여기서 보았듯이 최소 1인 이상의 인원이 음식점을 운영하는 데 들어간다.

따라서 이 인원에 대한 임금을 감당하고 매장 임대료 재료비 전기 수도료 연료비 기타 제세공과금을 감당하기 위해서는 상당한 수량의 음식을 판매하여야 한다는 것을 알 수가 있다.

하지만 최소 운영 경비로 사업을 유지하기 위해서는 1일 전체 업무량을 감안하여 파트 타임 직원을 고용하거나 직원간 서로 돕는 유연하게 직무를 수행할 수 있도록 설계하여 경비를 절감해야 한다.

1인 개인 기업을 위한 시스템 개선

그렇다면 혼자 운영하기 위한 시스템을 설계해 보자. 이 경우 매장의 기능을 자동으로 수행할 수 있는 기계 전자적 시스템을 갖추어야 한다.

일단 손님이 매장안에 들어와 메뉴판을 확인한 후 상품을 선택하고 카드나 현금을 자동지불 장치에 지불한다. 그러면 지정 상품의 정보가 조리실 화면으로 전달되고 조리사가 그 제품을 조리한다. 조리 후 조리사가 조리완료 버튼을 누르면 벨이 울리는 동시에 조리 완료 표시가 나오고 손님이 조리실 입구에서 상품을 가지고 간다. 기타 반찬 및 식사 도구(1회용 수저나 젓가락)는 조리사가 음식물을 제공할 때 같이 제공하거나 셀프 공급 장치에서 손님이 스스로 가지고 가도록 한다. 식사 완료 후 손님이 식기를 조리실 앞에 놓는 다. 조리원이 남은 음식을 음식물 처리기에 투입하고 식기는 자동 세척기에 넣는다. 자동 세척을 하고 식기를 건조한다.

매장내 정리는 시간제 직원을 쓰거나 주문이 없을 때 조리사가 나와서 정리해야 한다.

이렇게 하면 1인 식당을 운영할 수가 있어 적절한 상품을 판매하며 수익을 발생시킬 수 있다.

여기에 날씨나 다른 요인과 연관된 종류별 상품 판매량을 분석할 수 있는 판매 분석 기능을 설치하면 여러 정보와 연관하여 판매량을 집계할 수 있어 같은 조건에 해당하는 미래에 판매되는 음식의 판매량을 예측할 수 있게 된다.

따라서 원재료의 적정 매입과 재료 준비를 적절하게 할 수 있어 비용을 효율적으로 통제할 수 있고, 원자재가 신선해 고급 품질을 유지할 수가 있다.

더 고급 정보를 추출하기 위해 경영 분석 자료를 추출할 수 있는 보고서를 받으면 판매 및 수익성 관련 정보를 얻어 수지 개선이나 기타 매출 증가를 위한 여러 대안 선택을 할 수가 있다.

위의 예시는 소기업 중 1인 또는 소수의 인원들이 사업을 하는 예를 보인 것이다.

좀 더 많은 인원들이 종사하는 복잡한 구조의 조직을 처음부터 만드는 것은 전문가가 아니면 매우 어려운 문제다.
하지만 기존의 조직을 부채를 제외한 자산인수 방식으로 인수하는 경우는 보다 쉽게 운영을 이어갈 수도 있고 비효율적 요소를 제거하면 수익성 있는 업체로 바꿀 수 있다.

자산 인수 방법도 하나의 사업체를 만드는 방법이다.
하지만 조직이 커서 이 분야에 경험이 있어야 운영이 가능하다.

자산 인수 방식의 사업체 인수의 예를 들어 보자.
미국의 경우 많은 슈퍼마켓들이 사고 팔린다.
단독으로 운영되는 슈퍼마켓이 여러가지 이유로 장사가 안되어 여러 개의 상점을 가진 곳에 팔리거나, 일부는 수익성 있으나 일부는 수익성이 없어 전체적 파산을 하는 체인형 수퍼 마켓이 일괄 매각하는 경우도 발생한다.

수익성이 있는 업체는 조금만 신경을 써서 관리하면 회생하고 수익을 유지하나 그렇지 않은 점포는 수익을 내기가 여간 어려운 것이 아니다.

여기서 단독 수퍼 마켓이 체인형 수퍼 마켓으로 팔리는 이유는 체인형 수퍼마켓이 시장의 독점적 지배 구조를 갖기 위해 사는 경우와 수익성을 보장할 방법을 가지고 있어서 사는 경우가 있다.
시장의 지배력 강화는 일정 지역에 경쟁력 있는 다른 업체가 들어
오는 경우 경쟁이 심화되어 서로 손실이 발생할 가능성이 높다.
따라서 이러한 경쟁을 방지하기 위한 방법으로 점포를 인수하
게 된다.

다른 인수 이유는 인수 체인형 점포는 한 상품을 더 많이 대량
구매하게 되므로 구매 단가가 내려가 경쟁력 확보가 좋아진다.
즉 상품 매입력 (Buying Powe)이 강하여 매입 비용의 감소로
경쟁력을 가지게 된다.

또한 지역 상권에 잘 알려진 브랜드로 신뢰도가 상승해 매출이
증가하는 효과가 있기도 하고 오랫동안 그들이 해 왔던 여러 시
스템이 우수하여 효과적 운영이 가능하다.

하지만 개인이 적자가 나는 기업이나 점포를 인수해서 회생시
키는 것은 매우 어려운 문제다.
여기에 경험이나 노력만으로는 원인을 찾아내기 어렵다. 결국
경영학적, 수리적 방법을 통해 그 실체를 확인해야 한다.

그렇다면 통상 적자를 보고 있는 점포를 어떻게 확인해야 하나?
즉 얼마나 적자를 보고 있고 그 적자의 원인이 무엇이고 어떤
방법을 강구하여야 하는 가라는 의문을 통해 방법을 확인하고
점포를 인수해야 한다.

일반적으로 상점을 살리기 위한 방법으로 생존성 분석을 해야 한다.

이때 사용되는 방법이 손익 분기점 공식을 사용하여 생존 가능 매출액을 계산하는 것이다.

일단 월 단위로 계산해 보자.

손익분기점 분석으로 추출한 결과가 기존 시스템을 유지하기 위해 매출액이 2,000,000원이라고 하자. 그런데 1,500,000원의 매출을 달성하고 있고 현재 5,000원의 적자를 내고 있다고 가정하자.

생존을 위해서는 5,000원의 매출을 더 상승시키거나 5,000원의 비용을 감소시켜야 한다. 이 목표를 달성하면 상점은 생존이 가능하다. 그렇다면 매출을 늘리는 방법은 무엇이고 비용을 감소시킬 방법은 무엇인가라는 질문을 하게 된다.

일반적으로 매출을 증가시키는 방법은 고객이 늘면 매출이 증가한다.

그런데 고객을 늘리는 방법은 쉬운 문제가 아니다.

많은 마케팅 노력과 가격 정책 그리고 손님 응대 정책이 바뀌어야 한다.

그리고 고객이 필요로 하는 물건을 많이 준비해야 한다.

예로 고객이 요구하지만 구비를 못하고 있는 물건들을 더 준비하여 구매 욕구를 높여야 한다.

통상 다른 측면으로 기존 고객과 주변 비 방문 고객들의 구성을 비교하여 비 방문 고객들 중 다른 인종의 비중이 높다면 그들이 원하는 상품을 구비하면 그들이 방문하게 된다. 그래서 더 구매하거나 고객이 늘어난다. 하지만 점포가 갖는 특성에 치명적이지 않아야 한다.

또 다른 방법은 상품의 회전율을 높이는 방법이다. 이는 가격의 할인이나, 1+1 전략이나 1+1/2 전략을 통해 상품의 회전율을 높이면 이익률의 손실을 보지만 목표로 하는 손실 절대값을 보존할 수 있다.
즉 매출이 늘어난다.

비용을 감소시키는 방법은 내부적 요소를 조정하는 것으로 매우 쉽게 보인다.
하지만 이 방법은 비용을 빠르게 감소시켜 내부적 동요나 불안정이 증가해 문제를 일으킬 수도 있다.
비용을 줄이려고 점포 운영 시간을 조정하게 되는 데 운영 경비 보다 매출이 적으면 가게의 개점 시간과 폐점 시간을 줄여 발생하는 경비를 절약할 수가 있다. 그리고 일부 전시 작업을 하는 직원의 작업 시간을 조절하여 목표로 하는 비용에 접근할 수가 있다. 하지만 이런 조정은 일정 금액이상 필요로 하는 직원은 이직을 하게 되므로 고용 안정성에 문제를 발생하기도 하고, 제품의 품질 관리에 문제가 생겨 고객이 이탈하는 경우도 발생한다.

위의 방법은 매출이나 비용을 조정하여 생존성 확보를 하는 방법이다.

또 다른 방법은 인근 경쟁자 분석을 통해 점포의 시장내 포지셔닝 위치를 파악하여 조정하여야 한다. 결국 품질 수준과 가격 정책과 같은 전략적 변화를 시도해야 한다.

보다 더 전문적인 방법은 시스템을 변화시키는 방법이다.
시스템의 변화는 점포 전체의 구조를 바꾸는 것으로 부서의 추가 삭제 또는 외부인에게 부서를 하청 불하 대여할 수도 있고, 매장내 여유공간에 다른 점포를 임대해 임대료를 절약할 수 있는 구조를 만드는 것이다.

이런 여러 방법을 모색하여 생존 가능성이 있는 가를 확인하고 점포를 인수해야 한다.
단지 감 만으로 점포를 인수하면 똑 같이 파산의 길로 갈 수밖에 없다.

명심하라 잘 되는 가게는 당신에게 절대 안 판다.
만일 가게가 잘 되고 있지만 부득이한 사정으로 못하게 되면 자식 친척 지인 순으로 인계된다.
만일 중계업자는 정말 좋은 가게면 그가 직접 그 가게를 인수한다.

사업의 개시 방법과 절차

지금까지 새로운 사업을 하는 경우, 사업체를 신설하거나 인수해서 사업을 시작하게 된다.

그때 우리가 생존하기 위해서 어떻게 해야 하는 가를 알아보는 방법론을 제시했다.

대체로 소매업종 중 슈퍼마켓을 위주로 설명했는데 다른 음식점이나 기타 다른 소규모 상점을 분석하는 것에 무리가 없을 것으로 생각한다.

신설하는 경우

1. 업종을 선택하고 사업장을 물색한다.
2. 사업지역의 시장 조사를 통해 잠재 고객을 추정한다.
3. 그 업종에 맞는 상품을 기획한다.
4. 상품기획에 따른 인력을 기획한다.
5. 예상 비용과 예상 매출을 추정한다.
6. 손익 분기점 계산을 하여 비용과 매출 목표를 설정한다.
7. 사업 안정화를 위한 전략을 실시한다.
8. 정착기에 들면 보다 적극적인 영업 전략을 구사한다.

인수하는 경우

1. 기존 업체의 비용과 매출을 분석한다.

2. 손익 분기점 계산을 통해 사업의 건전성을 계산한다.

3. 현재 판매 중인 상품의 구성을 파악한다.

3. 기존 고객을 파악하고 잠재 고객을 추정한다.

4. 비용 절감 요소와 매출 증대 요소를 찾는다.

5. 추정 비용과 추정 매출로 손익 분기점을 다시 계산하여 목표 매출을 추정한다.

　　이때 상점의 크기를 작게 하거나 또는 크게 하여 추정 비용과 추정 매출로 손익 분기점을 계산해 본다. 실현 가능성이 있는지도 파악한다.

6. 만일 가능성이 보이면 인수 결정을 한다.

7. 사업 안정화를 위한 전략을 실시한다.

8. 정착기에 들면 보다 적극적인 영업 전략을 구사한다.

이때 상점 인수에 지불되어지는 금액은 자산평가회사를 통해 금액을 판단하고 그 이상 금액(Goodwill 또는 프리미엄)을 지불하는 경우 그것을 투자로 보아 얼마만 한 회수율로 회수되는지 ROI(Rate of Investment)분석해야 하고, 투자 회수 기간도 분석해야 한다.

2장
소매업

사업 소매업 생존성 상품 직원
소비자 분석 전략 품질 보고서

소매업의 정의

소매업이란 소비자들을 상대로 필요한 상품이나 서비스를 직접 제공하고 판매대금을 받는 판매 방식을 의미한다. 이는 제품 공급 사슬(Supply Chain)의 최종 단계이기도 하다.

생산 또는 제조된 물건이 공급망을 통해 중간 배급업체 (지역 배급업체 또는 도매상)에 전달되고 그 중간 배급업체는 소매업체에 상품을 전달하게 된다. 마지막 단계에서 소비자가 낱개로 구매를 하게 된다.

하지만 요즘은 아마존과 같이 온라인에서 물건을 주문하고 배달 서비스를 통해 직접 소비자와 거래를 하기도 한다. 얼마 전까지 만해도 공산품 위주로 판매되었지만 현재는 점차 신선 식품으로 영역이 확대되고 있다.

이렇게 되는 것은 정보 통신 기술의 발전으로 신속한 정보 전달로 광고의 광대화와 신속성과 결제 시스템의 간편화, 다양한 상품의 저장과 분류 및 상차기술과 신속한 배달 서비스 등의 기술 발달과 협업 시스템을 통해서 이루어 지는 것이다.

일반 오프라인 소매업은 물품을 공급하는 최종 시스템으로 음식, 음식보관용기, 조리 용기, 옷, 액세서리 등 생활에 필요한 것을 제공하는 것이다.

이 소매업은 매장의 수가 많으며 그 규모는 크지 않는 것이 대부분이다.

이 상점들 중 일부는 체인 슈퍼마켓과 같이 대형화된 소매점들도 존재한다. 하지만 우리가 이런 대형 소매점은 창업이 불가능하므로 개인이 운영하는 소형 슈퍼마켓을 연구해 보도록 하자.

대표적인 점포는 음식점, 슈퍼마켓, 미니마켓, 정육점 등등 다양하다.

이 소매점의 한계는 체인형 또는 대규모 상점들에 비해 경쟁력이 없다는 것이다.

특별하게 품질적 우위를 가지기 어렵고 물건의 다양성을 확보하기도 어렵다.

이러한 점포들이 경영에 어려움을 겪고 있는 이유는 모든 부분에서 경비가 증가하고 있기 때문이다.

특히 법정 최소지불 인간비의 상승으로 손익 분기점이 높아지고, 과도한 경쟁으로 고객을 나누게 되어 수익성에 많은 문제를 가지고 있다. 또한 고객의 소득 저하로 구매력이 저하되고 있고 인구 감소로 소매업의 국내 총 매출이 감소 추세를 보일 것이라는 어두운 전망이다.

이렇게 수익성이 하락하는 문제를 해결하는 방법은 영세 점포들이 상품을 공동구매해서 매입비용을 줄이는 공동구매 조직을 만들고, 보다 합리적 경영을 위해 경영분석을 할 수 있는 조직과 연계해야 한다.

소비자의 상품 구매 욕구와 원인

소매업을 운영하는 것은 그리 쉬운 문제가 아니다.

소비자들의 욕구가 복잡하고 그들의 필요한 것이 조금씩 다르게 때문에 그들의 기호에 적합하게 맞추어 가는 것은 매우 어렵다.

그들이 상점에서 상품을 구매하는 목적을 에너지라는 관점에서 몇 가지로 분류할 수 있다.

1. 첫째: 에너지 발생에 관한 물품이거나 에너지를 발생을 시키기 위한 장치의 보존이나 효율성을 유지하기 위한 것이다.

2. 둘째: 구매 물품이 에너지의 자연 손실을 방지하거나 에너지를 보존 유지하는 것이다.

3. 셋째: 에너지를 적게 소모하는 물품에 소비자들이 자금을 투자한다는 것이다.

내가 소매업을 설명하는 방법이 과거 소매업을 바라보던 관점과 많이 다를 수도 있다.

옛날에는 그저 욕구의 발생이나 필요성에 의해서 상품을 구매한다는 입장이었으나 내가 보는 관점은 에너지 발생, 에너지 발생 장치의 보존, 에너지 소비의 절감이라는 보다 실존적 원인에 중점을 두고 있기 때문이다.

상세하게 설명하면 첫번째 주장은 인간이 에너지를 발생시키기 위해 음식물을 섭취해야 한다는 것과 그 에너지를 생산하는 몸을 보존하기 위해 필요 영양소를 공급해야 한다는 것이다.
그 영양공급 방식은 집에서 요리를 해 음식물을 섭취하거나 집 밖에서 음식물을 사 먹게 될 것이다.

또한 둘째로 에너지를 생성하는 신체에서 발생한 에너지인 열이 자연 발산 소모되는 것을 방지하기 위해 의류를 선택하게 되는 것이다.

 마지막으로 에너지를 적게 소모하기 위한 장치로서 원거리 통신기구인 핸드폰 등을 예로 들을 수가 있다.
이것은 마치 에너지와 상관없는 것 같지만 실제로 정보를 전달하거나 소통하기 위해서는 먼 거리를 직접 이동해야 하는 대신 통신 장비를 통해 에너지를 절약해 가며 정보전달을 하는 것이다.
결국 큰 에너지 소비를 방지하는 장치인 것이다. 그 외 자동차,

집도 에너지를 절약하고 보존하는 도구의 일종이다.

이렇게 모든 소매업의 대부분은 에너지에 발생과 절약에 관련된 사업이 가장 잘 발달되어 있다.

특히 에너지를 만들기 위한 음식물의 원자재나 중간재를 공급하는 소매업은 시장 진입이나 퇴출이 쉬운 완전경쟁시장의 기본모델이다.

소매업을 바라보는 관점

소매업 중 특히 수퍼 마켓은 운영과 관리는 (1) **문화 전쟁이며** (2)**실험적 게임이며** (3)**확률 게임**이라고 생각한다.

문화전쟁

문화적 관점으로 바라보는 데는 소비자의 구매 욕구나 상품 구매 원인은 어렸을 때 경험한 음식의 종류나 취향에 따라 에너지를 생성하는 원천(음식)이 정해진다.

결국 이는 그 가족이나 민족이나 국가가 가진 문화의 특성에 따라서 커다란 영향을 받게 되는 것이다. 주로 그 지역 특산물을 이용하여 에너지를 생산해 왔기 때문에 특정 음식물에 대한 선호도가 잘 변화하지 않는다.

따라서 그들의 문화와 과거 생활을 잘 분석하고 이해해야 필요한 물품을 구매자에게 적기에 공급할 수가 있기 때문이다.

또한 개인 생활에 필요한 에너지의 양은 거의 일정하다. 이는 생활 패턴이나 직업의 유형에 따라서 에너지의 량이 결정되는데 필요한 에너지의 질과 양이 차이가 나기 때문에 소비 패턴(물품의 종류와 양)이 달라지는 것이다.

실험적 게임

실험적 게임이란 소비자의 구매 패턴이 장기적으로 보면 일정하나 계절에 따라, 날씨에 따라서 그리고 경제적 상황에 따라 소비자들의 구매 패턴이 변화한다.

따라서 그들의 구매욕구의 이동과 변동에 따라, 데이터 분석(1) 방법에 의해 추출된 정보를 기반으로 소비자 구매 욕구와 기호에 맞추어 트라이얼 앤 에러(Trail &Error)(2) 방법에 의해 상점의 상품 전시 최적화를 이루어 가야 하고, 파레트(Pallet Analysis) 분석(3)기법을 통해 매출 판매 기여도 관리를 해야 하며 판매 전략도 변경해야 한다.

확률적 게임

상품의 고객의 시각 노출 빈도 및 전시 면적에 따른 매출 증가 확률과 상품간 연관성(Relation)과 상관성(Co-efficiency)을 축출하여 협치(Cross Merchandise) 마케팅(4)을 실시하여야 한다.

결국 이런 실험적 확률을 분석하기 위해서는 매일 발생하는 매출 자료를 기반으로 장기적 계획과 상세 분석을 통해 자료를 해석해야 한다. 그 해석을 통해 판매 전략과 마케팅 전략을 만들고 그 실천과 결과를 분석 정리해야 한다.

이 판매자료를 기반으로 소비자의 증가를 유도하는 전략을 만들고 부서간 매출 목표의 조정과 매출 상품에 대한 전시와 판매 전략, 그리고 별도의 소비자 흐름 분석을 한 후 상품 전시 방법의 변경을 통해 매출 증진 전략을 만들어야 한다.

분석하는 방법의 개념은 (1)소비자나 상품을 단순 분석하는 경우는 1차원적 분석이며, (2)소비자와 상품의 연관성을 분석하는 것은 2차원적 분석이고 (3)소비자와 상품 그리고 소비자의 문화를 연결해 분석하는 것은 3차원적 분석이다.

소매업의 장점

소매업의 커다란 장점은 판매가 외상이 없다는 것이다.
이 말은 상품을 교부 시 대가를 반드시 받는 다는 것이다.
그래서 판매 대금에 대한 외상 매출금이 발생하지 않는 다.

그리고 매입 대금은 공급 일자를 기준으로 얼마간의 기간을 두고 지불하는 것이다.
통상 일주일 단위로 공급액을 결정하고 대체적으로 21일 이후에 지불한다. 이때 수표로 지불을 우편으로 발송하면 거의 자신의 은행계좌에서 돈이 지출되는 기간은 매입일로부터 30일가량 소비된다.

고객의 지불은 현금, 현금카드, 크레딧 카드, 기타 공공 복지 카드다.
또는 미국의 경우는 정부에서 제공되는 저 소득층을 위한 음식물 제공 서비스(Food Stamp)나 유아 임산부를 위한 프로그램(WIC)으로 지불 받을 수도 있다. 한국에서는 아동 무료급식 카드가 있다.

이때 크레딧 카드는 비록 카드 수수료가 발생하지만 지불 순환 주기가 상품 매입비 지불 주기와 거의 유사하므로 이자율에 대한 손실이 발생하지 않아 거의 현금과 같은 효과를 나타낸다.
각종 정부 음식물 공급 프로그램도 길지 않는 시간에 대금이 지불되므로 거의 현금과 같이 효과를 갖는 다.
이런 대금 교환 시스템 때문에 사업에 대한 위험도가 낮아 소매 시스템이 잘 작동하기 시작하면 안정적인 운영과 결과를 얻을 수 있다.

또한 이 소매 시스템은 시작과 정리가 쉽다.
왜냐하면 완전 경쟁 시장의 기본 모델로 진입과 퇴출이 용이하다.
만일 이 사업을 하고자 한다면, 성공 여부와 관계없이 시작할 수 있으며, 그만 두고자 한다면 언제든지 그만 둘 수가 있다. 사업을 그만 두는 경우 거의 이 사업을 잘 할 수 있는 누군가가 업체를 인수하고자 한다.

따라서 퇴출 절차를 적절하게 밟는다면 자본의 완전 손실이 아닌 일부 손실만이 발생한다.

이 사업은 소비자의 계층과 그들의 수준을 잘 파악하고 그들에게 적합한 상품과 효율적 시스템을 설계한다면 성공할 가능성이 높은 사업이다.

다만 초기 생존 가능성을 어떻게 만들어야 하는 것이 최대 관건이다.

과거는 시장이 팽창하여 생존성을 높았으나 현재는 세계나 국내 경제 규모의 축소로 소비자의 주머니가 점차 얇아지는 추세라 생존을 위해 소비자의 동향을 잘 파악하는 것이 매우 중요하다.

이 비즈니스는 결국 사람을 위한 것이고 그 사람의 에너지 소비에 맞추어 무엇을 준비하고 무엇을 제공할 까? 하는 것이 관건인 사업이다. 그래서 그들의 활동 데이터가 매우 중요한 것이다.

이제 이 활동 데이터를 잘 수집하고 분석하는 자만이 이 사업의 승리자가 된다.

미국내 소매 기업의 특징

내가 관심을 가지고 있는 미국의 소매점에 대해 간단히 설명해 보자.

오프라인 강자 월마트는 매출을 위해 고객이 원하는 경쟁력 있는 저렴한 제품을 상점에 구비해 고객을 유인하고, 물류에 대한 재고 관리 비용 절감 그리고 적기 배송 시스템을 구축해 비용을 절감하고, 특별한 기술 없이 인력을 통제할 수 있는 프런트 엔드 스캐닝 시스템을 개발해 인력 통제와 신속한 작업이 이루어질 있도록 해 비용을 절감하는 것이다. 그리고 미국 국내 다수의 오프라인 점포를 구비하고 있다.

하지만 이 월마트도 시대의 흐름에 점포임대 비용과 인건비 상승 그리고 온라인에 의존하는 젊은 고객층의 이탈로 일부 대도시 지역에서 철수하고 있다.

온라인 강자 아마존은 월드 와이드 시스템을 가지고 여러 나라에서 사업 중이다.

다수의 물품 공급자가 팔고 싶은 물품을 자발적으로 공급하는 시스템이며 그래서 자연적으로 공급자간 품질과 가격 경쟁이 일어난다. 상품 공급자도 판매 비용을 지불하며, 다수의 임의의 물품 구입자가 시간에 상관없이 온라인에서 접촉할 수 있고, 무 점포이다. 단지 물품 보관 창고에 재고관리 및 상품 분류 자동화, 상차 등을 하는 비용 절감 시스템을 구축해서 회사 배송 차량을 통해 고객에게 직접 물건을 전달하는 시스템을 갖추어 물류 비용과 전달 신속성에 역점을 둔 사업이다.

물론 판매 비중에 따라 지역 물품 보관 창고와 배송시스템을 갖추어야 한다.

마케팅은 관심있는 물품에 대한 고객의 접속 빈도나 고객의 구매 패턴과 추세에 맞추어 온라인 마케팅을 실시한다. 또한 물품 공급자에게도 물품의 판매 동향, 고객의 선호도 등 제품 판매 분석을 "힐리오"라는 소프트웨어를 유료로 제공해 판매 환경에 적응하도록 유도한다.

이 아마존은 탄생한 것이 아니다. 그들은 이미 존재하는 시스템을 결합하고 거기에 자신들의 강점을 접목한 것이다.

이는 Fedex의 지역 배송 시스템인 자전거 바퀴살 전략과 월마트의 창고 관리 시스템에 아마존 그들 만의 고객 분석 시스템과 신속 배송 시스템을 접목하고 그들의 "후라이휠"전략을 채택해 성공적 사업을 영위하고 있는 것이다.

자연식품 판매자 홀 후드는 건강한 자연식품이나 무농약식품(올개닉)을 고객에게 공급한다는 개념의 식품 판매업자다. 요즘 고객들이 자연식품이나 올개닉 제품이 기존 제품 보다 우수하다고 생각하고 있는 것 같다. 그래서 소득이 높은 젊은 층 가

정의 아동을 위해 구매가 조금씩 늘어나고 있다,

내가 생각할 때는 실제적으로는 의학적, 생물학적 유용성을 증명하기가 어렵다고 생각한다.

이유는 올개닉 소비자들이 모든 상황에서 항상 자연식품, 올개닉을 구매해 먹을 수가 없다는 한계성 때문이다. 거주지에서 그 물건들을 구매 가능하지만 거주지를 떠나 외국이나 다른 지역에서 자연 식품들을 항상 먹을 수가 없기 때문이기도 하고 자연식품이나 올개닉 제품에 대한 기준이 지역이나 나라 마다 달라 일시적 건강상 문제가 생기기도 한다는 한계점을 가지고 있다. 따라서 이 개념은 좋은 개념이나 좀 다른 개념으로 발전시켜야 한다.

그리고 단점은 자연식품이나 올개닉 제품은 가격이 높기도 하고 부패가 빨라 저장기간이 짧다는 한계를 가지고 있다. 또 다른 한계는 농산품들은 주로 미국 서부지역에서 생산되어 여러 지역으로 운송되기 때문에 개스값 상승에 민감하게 반응해 판매가격이 상승한다는 것이다.

하지만 한국은 생산지와 소비지인 대도시가 매우 가깝게 인접하여 가스비로 인한 물류비 상승이 가격에 커다란 영향을 미치지 않는다, 운반 거리가 긴 미국과는 약간 다른 상황이다.

시스템 관리의 강자 샵 라이트 (ShopRite)는 식품 공급사인 Warkfern의 관련사로 모 회사에서 식품을 공급받고 소프트웨어도 지원받는다. 주 고객이 백인들이다.

이 회사는 점포의 판매 관리가 시스템에 의해 통제된다. 물론 많은 부분이 관리자가 통제하지만 시스템 전체를 통제하는 것이 아니라 극히 일부만 통제한다.

이 판매관리 시스템은 판매량을 프런트 엔드에서 판매량을 집계하고 담당부서 관리자는 재고관리와 폐기량 관리 그리고 적절한 전시에 중점을 둔다.

합리적 판매를 위해 소프트웨어에 의해 상품 발주 시스템을 갖추고 있는 데 자동 발주와 수동 발주를 동시에 사용한다.

통상적으로 관리자는 매일 창고의 재고량을 파악 기록하고, 전시된 상품의 불량품 솎아내기 활동을 통해 전시된 상품의 품질을 향상시키고 골라낸 폐기량을 입력함과 동시에 전시 상품의 재고량을 수정 기록한다.

이렇게 창고 재고량과 전시 상품의 재고가 결정되면 판매량과 비교해서 시스템 화면에 주문량이 보인다. 실질적 재고의 차이를 줄이기 위해 분기별로 철저히 재고 조사를 실시한다.

자동 발주의 경우는 자동발주로 지정된 물품은 재고량과 판매량을 비교하여 지정 보유량 이하이면 그 차이를 자동으로 배송해 준다.

수동 발주의 경우는 관리자가 기존 제품의 재고량을 입력하면 기존 판매량을 보여 주게 되고 할인 판매 즉 세일 또는 여러 조건에 따라 발주량을 가감하여 그 량을 발주한다.

장점은 품질관리측면에서 상품 솎아 내기와 신선한 상품이 매일 배송되므로 품질이 잘 유지되는 편이다. 그리고 판매량을 기준으로 자동발주와 수동발주가 사용되어 재고량 관리도 매우 잘되는 편이다.

하지만 단점은 시스템에 의해 일괄 통제되어 관리자의 능력에 따른 역량을 발휘하기가 어렵다는 것이다.

그리고 인력이 임시직이거나 풀타임이 아니어서 고도의 숙련도가 이루어지지 않아 업무 지시가 없으면 일의 완성도가 떨어진다는 단점을 가지고 있다.

히스패닉 고객 대상 푸드바자(Food Bazaar)는 가장 소매점의 기본적인 임무를 잘 이해하고 수행하는 회사로 생각한다. 고객이 대부분 히스패닉과 흑인 그리고 일부 아시안 백인이다. 그들은 점포는 약 30개 정도로 미 동부지역에 있다.

그들의 임무에서 나타나듯 각자의 문화 전통 기호 열정과 경험의 독특함을 존중하기 위한 방법으로 그들에게 여러 종류의 영양분을 공급해 에너지를 제공하는 일에 열정적 임무를 수행한다고 선언했다.

나는 식품 소매 업자가 인간인 고객에 갖는 아주 근본적이고 기본적인 의무를 매우 잘 이해하는 기업이라고 생각한다.

이들의 관리체계는 약간 다른 서양 마켓과 다른 구조를 가지고 있다. 물론 회사 소유주가 남미에서 다시 미국으로 이주한 한국인이기 때문에 초기부터 다른 인력 구조를 가지고 있었다.

이런 이유로 인력 구조 측면에서 매우 강한 강점을 지니고 있다. 경영층은 매우 보수적 운영을 하고 있으며 신중하다,

그러나 그들의 경영기술은 다른 기업에 비해 조금 떨어진다. 비록 그들이 종적 계열 확장과 횡적 계열 확장을 시도하고 있으나 안정기에 들어선 기업으로 데이터 활용과 운영을 통해 경영 효율화를 이루어야 하나 전문경영자의 부재로 혁신을 못하고 있다고 판단된다,

그 특별한 인력 구조는 품질관리와 업무를 체계화하는 능력이 뛰어난 한국인 관리자에 업무 수행 능력이 뛰어난 숙련도가 높은 히스패닉 직원과의 협동 체계라는 것이다.

이는 한국인들이 가지는 품질관리 능력과 매뉴얼이 주어지지 않아도 스스로 자신만의 관리체계를 형성하고 히스패닉 직원을 교육시키며 그들과 협력을 통해 일을 자동으로 처리한다는 것이다. 또한 노동조합에 가입된 직장이라 직원해고가 마음대로 되지 않아 직원들이 오래되고 숙련되어져 있어 관리자의 일일 지시 없이도 모두 자동으로 일을 처리한다는 장점이 있다.

하지만 단점은 노동 조합으로 인해 임금지급 기준이 매우 높아 문제가 되기도 한다.

그리고 점차 한국인 관리자가 줄어들어 히스패닉 관리자들이 늘어나고 있어 품질 관리 조직이 약화될 것으로 예상된다.

아시안 마켓 강자 에이치 마트 (H Mart)는 초기 출발이 한국인을 대상으로 한 마켓이었으나 영역을 늘려 중국인, 아시안도 고

객으로 흡수하고 있다, 미 전역에 약 50개 정도의 지점을 가지고 있고 영국 캐나다등 분점들이 있다.

이 마켓의 장점은 그동안 그로서리 생활용품 생선등 거의 에이치 마켓에 물품을 공급하는 서울 식품과 더불어 자체 계열사에서 베이커리 반찬 생활용품 생선 정육 등의 판매용품들이 안정적으로 공급되고 있고 경영 기술도 한국의 유수 경영 지도 회사에 의해 설계되고 지도되어 계속 업그레이드되고 있다,
또한 직원들 중 관리자들이 거의 한국인들인 관계로 명령체계나 운영체계가 잘 유지되고 목표 지향적이며 하급직원들의 업무 수행 능력도 뛰어나며 프런트 엔트의 한국인 여직원들의 고객 처리 속도가 매우 빨라 서양 마켓의 불효율에 대한 불만과 달리 불만이 거의 없다,

단점은 1인당 구매액이 적은 중국인 고객들이 늘어나는 반면 1인당 구매액이 높은 한국인 고객들이 줄어들고 있다.

위에서 각기 다른 영역의 몇몇 상점들을 예시하고 특징과 장단점을 알아보았다.
이유는 그런 장점과 약점을 보완할 새로운 경영 철학과 창고관리 시스템, 배송시스템의 설계 그리고 운영 시스템, 인적 구조의 합리적 설계를 통해 변해 가는 환경에 적응해 가야 한다는 것을 보여 주는 것이다.

결국 경영자는 오프라인 매장에서 온라인 매장으로 변화하는 미래의 시장 변화에 선제적으로 조직을 변화시키는 능력이 없으면 그 회사는 생명력을 잃거나 노쇠해 갈수 밖에 없는 것이다. 결국 성장기에 물을 잘 주어 야지 쇠퇴기에 영양제 먹인다고 오래 사는 것이 아니다.

결국 물은 오래 머물면 썩는다는 진리를 기억하라.

상점을 하기 위한 철학

상점을 운영하는 많은 기업에서 특별한 특징을 발견한다는 것은 어렵다.
단지 그들은 소비자들이 원하는 물건을 싸게 사서 적기에 공급하는 것을 기본으로 한다.
하지만 몇몇 상점들은 다른 개념의 운영 철학을 가지고 있다.

내가 주목하는 업체는 오프라인 강자 월마트, 온라인 강자 아마존과 자연식품 판매자 홀푸드, 시스템 관리의 강자 Shop Rite, 히스패닉 강자 Food Bazaar, 아시안 마켓 강자 H Mart이다.

이들의 운영 방식은 약간씩 다르다. 그리고 운영 철학도 다르다.

물론 내부적으로 그들이 추구하는 사업에 대한 목표나 성과를 내기 위한 과정은 정확하게는 모른다. 그러나 내가 일부 업체는 직접 일하면 느꼈던, 일부는 외형적으로 느끼는 그리고 외부에 알려진 내용을 근거로 그들을 추정해 볼 수 있다.

월마트
월마트의 성공은 창업 이후 일관되게 간직해 온 고객 지상주의 철학에서 시작된다. 이들은 주요 판매상품의 동향을 숙지하고 인기품목이 품절되지 않게 특별 관리함으로써 고객 지상주의의 철학을 실천한다.

고객이 원하는 상품을 저 가격으로 상시 제공하면서도 충분한 수익을 확보하는 월마트의 비즈니스 모델은 고객 지상주의라는 철학을 실천하기 위한 끊임없는 경영혁신의 결과다.

창업자 샘 월튼은 소매점의 성공 여부가 효율적인 물류 시스템 구축이라고 판단하고 70년대 크로스 도킹 (cross-docking) 배송 시스템을 구축하였다. 이 시스템은 상품이 열차나 트럭에서 컨베이어벨트에 의해 자동 분류되어 운송 차량으로 곧 바로 옮겨지게 하여 신속하고 저렴한 배송을 가능하게 했다. 물건을 보관만 하는 기존의 창고와는 완전히 다른 분류 개념으로 물류혁신의 계기를 마련했던 것이다. 월마트의 물류 혁신은 여기서 그

치지 않는다. 바코드 시스템·EDI(전자데이터 교환)·POS(Point of Sale)시스템· 스캐너 자동발주시스템 등 다양한 물류시스템을 처음으로 도입한 회사가 바로 월마트다.

월마트의 이런 물류체계 혁신은 최근 위성통신 시스템에까지 확장되고 있다. 이 시스템을 이용해 미국 내 월마트 매장과 물류센터 본사와 연결되어 주문 및 재고관리를 하고, 상품 수송 차량의 움직임까지 추적해 상품이 도달하는 시간을 파악할 수 있다.

〈글 김종현 삼성경제연구소 경영전략실 연구원〉

아마존(Amazon)

1. 고객 중심 주의

거의 모든 기업은 경쟁사에 전략을 집중한다. 아마존은 경쟁사가 아닌 고객에 집중한다. 그들은 고객의 불만이나 불편을 개선하려는 데 집중한다. 그렇게 해서 아마존이 고객을 존중하고 있다는 느낌을 받게 하고, 불만 개선을 통해 보이지 않게 서비스의 질을 높여 소비자의 만족감을 증가시켜간다.

2. 데이터 이해력과 이용하는 능력

아마존은 인터넷을 이용한 고객의 구매 추세를 읽어내고 그에 맞는 데이터를 수집하여 제품군 개발이나 서비스에 적극적으로 활용하였다. 그것은 인간들이 직관적으로 알아내기 어려운 추세나 경향성 선호도와 같은 요소들을 대규모 데이터로부터 추출하여 활용하였다. 이렇게 아마존은 데이터 중심의 분석을 통해 그 추세와 판매동향을 판단하여 물류시스템 구축에 적용하여 빠른 배송 시스템을 구축하고 비용을 감소시켰다.

또한 투자자들에게 투자를 이끌어 내기 위해 전문적 데이터로 설득하였다.

3. 홀라이 휠 전략

홀라이 휠은 관성에 의해 운동에너지를 만들어내는 장치이다. 이 장치는 초기 운동 에너지를 만들어 내기는 어려우나 일단 운동 에너지가 만들어 지면 보다 효율적 운동 에너지를 발생한다는 장점을 가지고 있다.

아마존은 이러한 개념으로 사업의 효율성을 증대해 사업을 영위해 간다. 이 전략을 분석해 보면 사업의 성장 과정에서 일어나는 문제를 효율적으로 단계화해 진행하는 것이다.

  1) 가격을 낮추어 고객을 모은다.

  2) 고객이 늘면 팔려는 판매규모가 늘어난다.

  3) 규모가 커지면 고정비용이 낮아지고 효율이 높아진다.

  4) 효율성이 높아지면 판매가격을 더 낮출 수가 있다.

  5) 이 과정이 반복된다.

〈아마존 CEO 제프 베조스의 경영철학- Day 1(고객 중심, 데이터, 플라이 휠), 평범한 직장인의 비밀 노트: https://na1005.tistory.com/150〉

홀 푸드(Whole Food)

1. 홀 푸드는 가장 품질이 좋은 자연 상품 또는 올개닉 상품만을 판매한다.

이들은 생산 단계에서 철저한 관리를 통해 그들이 요구하는 품질 조건을 만족하는 제품을 소비자에게 제공한다. 이는 생산자만 아니라 공급자에게도 엄격한 품질 기준이 적용된다.

2. 우리는 고객을 만족시키고 큰 기쁨을 제공한다.

우리의 손님은 비즈니스의 혈액이며 우리의 가장 중요한 이해관계자이다.

우리는 모든 쇼핑에 있어서 그들의 기대와 일치하거나 초과하기 위해 노력한다.

우리는 지식과 기술, 열정, 그리고 운영상 우월한 자신감을 통해 뛰어난 손님 응대를 제공한다.

보다 좋은 쇼핑을 제공하기 위해 계속 실험하며 개발한다.

우리는 손님을 초대해서 유쾌한 분위기를 만들어 유일함을 보여 주고 쇼핑의 편안함과 매력적이며 성숙한 모습을 보여 주며, 그 시도로부터 오는 실패를 교훈을 삼아 점포 환경을 만들어 간다. 우리의 모든 점포는 지역 사회의 모임, 어떤 장소에 모이는 사람이던 간에 그들과 새로운 친구가 된다.

3. 우리는 같이 일하는 근로자의 성장과 행복을 증진시킨다.

우리의 성공은 우리 전 사원의 집단적 에너지, 지성, 공헌에 의존한다.

우리는 이러한 우리의 노력에 양향을 받은 사람이 번영하고 그들의 잠재적 능력에 도달하기 위한 환경을 만들고 제공한다.

우리는 긍정적이고 건전한 관계를 만들기 위해 노력한다. "우리 대 그들"이라는 개념은 우리회사에 존재하지 않는다. 우리는 투명한 대화를 통해서, 그리고 열린 우리의 정책과 직원간 관습을 포함 같은 것을 통해서 신뢰를 얻는 다. 우리는 매일 우리의 직원들의 좋은 성과에 감사하고 인식하고 있다.

우리는 풍부하며, 의미를 가지며 인생의 안전감을 증진시키는 유쾌함, 가족 공동체에 가치를 부여한다.

4. 우리는 우리의 공급자와 서로 상생하는 관계를 실천합니다.

우리는 서로 연관되는 비즈니스 경제 시스템의 일원이다. 우리의 고객을 위한 우월한 소매 쇼핑을 만들어 내기 위해 서로 의존하는 공급자가 만여개의 공급자가 있다.

우리는 공급자를 우리의 이해 관계자를 지지하는 상업적 협력자로서 본다.

우리는 반대 급부로 돌아오는 보답이 같은 것이라는 예상을 하고 그들을 존경, 공정성과 진실성으로 그들을 대접한다.

우리는 우리가 신중하게 생각한다는 관점에서 친근하게 그들의 의견을 듣고, 우리는 우리와 함께 사업을 하는 모든 이와 서로 상생의 관계를 항상 추구한다.

5. 우리는 이익과 번영을 창조합니다.
우리는 고객과 자발적 교환을 통해 매일 이익을 벌어들입니다.

우리 성장과 직업의 안정성 그리고 전체적인 재무적 성공을 통한 자본의 창출을 위해 이익이 기본적 요소라는 것을 이해합니다. 이익은 미래의 목표를 변화시키고 도달하기 위한 모든 비즈니스 필수 사항이 이익의 축적입니다. 이익의 축적은 다음 해를 위한 씨앗이고 그리고 영광을 유지하기 위한 창조물입니다.

우리는 모기업인 아마존의 식품 공급자이며, 우리는 장기적 관점에서 모기업에 식품 공급의 가치를 증가시키기 위한 목표를 가지고 그들의 자본을 유용하게 아껴서 이용할 책임을 가지고 있다.

우리는 함께 계속 번영하기 위해 우리의 고객의 만족감과 사원의 행복 그리고 재정 건전성이 같은 속도로 성장할 것이다.

6. 우리는 공동체와 환경에 대해 관리한다.

우리는 지역적 점포의 경험과 관례 그리고 선제적으로 환경을 관리하는 것을 지원하고 제공한다. 우리가 우리의 공동체와 우리의 환경에 대해 어떻게 지원하는 지에 대해 배워가야 한다고 생각한다.

위의 선언이 당신의 곁에 있는 식품업자로서 이것은 우리의 약속이다.

Food Bazaar

우리의 임무는 가치가 있는 각자의 문화와 전통 기호 열정과 경험의 독특함을 기리기 위한 직업으로서 우리의 주위에 있는 이들에게 여러 종류의 영양분을 공급하고, 에너지(활력)를 제공하기 위해 열정적으로 임무를 수행하는 가치에 기반을 두는 가족 회사입니다.

H Mart

우리의 임무는 우수한 상품을 손님에게 제시하는 것이다.
그것은 우리가 플톤 생선 시장에서 생선을 구매해야 하는 것을 의미한다면, 우리는 이미 하고 있다. 우리는 생산자와 직접 협상을 해야 한다는 것을 의미한다면, 그렇게 해 왔습니다. 이것은 우리가 좋은 가격을 위해 어려운 길을 가야 하고 비상한 노력을 해야 한다 것을 의미한다면, 이러한 것은 문제가 안됩니다.

따라서 마법의 음식을 만들기 위한 시간이 왔을 때, 우리는 우리의 상품이 가장 좋다는 것보다 더 좋은 재료라는 것을 의미합니다.

Shoprite

우리는 샵 라이트라는 회사의 임무를 알기 위해서는 Wakefern이라는 회사를 이해해야 한다.

이는 샵 라이트의 모회사로서 서로 탄탄한 이해 관개를 가지고 있기 때문이다.

Wakefern의 임무

워크퍼른의 임무는 커다란 비즈니스 세계에서 성공하기 위한 소규모 사업을 돕는 것이다.

워크퍼른은 건강한 공동체를 키워 나가고 유지하는 것을 믿는다.

우리는 굶주리는 사람들을 줄이고 우리의 건강한 삶의 개선을 통해 여러 방면에서 우리의 협력사와 고객 그리고 이웃의 삶의 질을 증진시키는 데 투자한다.

상점의 이해 관계자

상점을 경영하고 운영에 관여하는 이해 관계 집단은 여러 개이다.

이 집단을 구분해 보면 **주주, 고객, 종업원, 상품 공급자, 채권자, 공공기관**이다.

이들은 각기 다른 입장에서 상점에 관여한다.

크게 보면 이런 구조가 돈의 순환에 관계하고 간섭을 하게 된다. 주주는 돈을 투자하여 상점을 개설하고 상품 공급자들로부터 상품을 매입하면 종업원이 그 상품을 관리하게 된다. 그러면 고객은 자신의 욕구나 필요성에 의해 상품을 매입하고 대금을 지불한다. 이런 경제적 순환에 자금이 모자라거나 일시적 불균형이 발생하면 주주가 자금을 더 투자하거나 자금을 보유한 자가 권리를 확보하고 자금을 투입하여 경영에 간접적으로 간섭을 한다.

또한 정부기관은 위생 법이나 세법, 규제를 통해 경영에 간섭한다.

또 다른 간접적 경영 간섭자는 **경쟁자**인데 이 경쟁자의 반응에 따라 상대 경쟁자는 반응이 달라진다. 결국 경영적 대응이 변화한다.

이렇게 조직을 신체로 비유하면 **종업원**은 **뼈**가 되고, **공급자**의 물품은 **살**이 되며, **주주**는 **피**이며 만일 신체에 피가 부족하게 되면 **채권자**는 응급 **혈액**에 해당된다.

고객은 피를 주고 살을 취하는 것이다.

이렇게 고객들이 살을 취하고 피를 제공하여 혈액의 양이 늘어나면 신체의 크기를 크게 해야 하는 데, 그렇게 하기 위한 기반을 위해 종업원이라는 뼈가 자라야 하고 공급자는 소비자가 가져간 살보다 더 많은 살을 제공해야 한다. 이렇게 갑자기 체질이 크게 되면 신체가 약하므로 위생적이며 관리적 측면에서 정부가 관여하게 된다. 이렇게 체질 개선을 위협하는 경쟁자를 의식하여 보다 효율적인 신체 관리와 면역을 위해 열심히 노력해야 하는 것이다.

이렇게 경제 조직이 신체 조직과 기능이 유사하게 대응한다는 것은 모든 시스템이 같은 구조를 가지고 있고 이것이 논리적이고 수리적으로 해석이 가능하다는 것을 의미한다.

주주	채권자	고객
상점		정부기관
종업원	상품 공급자	경쟁자
내제적 이해 관계자		외부적 이해 관계자

소매 상점에서 작동되는 시스템

상점은 여러 기능들이 복합적으로 이루어져 돌아간다.
상품을 매입해서 부가가치를 부여하고 그것을 소비자에게 팔고 대금을 수수 받는다.

이런 일련의 과정을 효율적으로 유지하기 위해서는 여러 가지 시스템들이 복합적으로 작동한다. 그 작동되는 기능들은 서로 유기적으로 움직이며 효율성 있게 작동해야 한다.

일단 상품이 순환하는 과정을 살펴보자

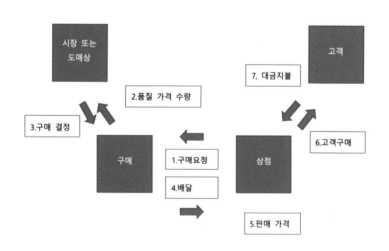

1. 재고관리를 통해 재고를 파악하고 실 매출량과 비교하여 폐기량 또는 손실량을 계산한다.

또한 최고 판매량과 최소 판매량 평균 판매량을 계산하여 안전 재고를 산출한다.

이를 통해 주간 판매 동향과 판촉 세일을 고려하여 매입량을 결정하고 구매부에 매입 신청하거나 본인이 구매한다.

2. 구매부에서 품질과 가격, 수량을 확인하고 시장 또는 도매상으로부터 상품을 구매한다.

3. 구매한 물품을 운송 수단을 통해 시장 또는 도매상에서 상점으로 배달한다.

만일 산지에서 직접 구매한 물품은 점포로 개별 수송이 어려울 경우 회사 창고로 전부 옮기고 회사 운송 수단을 통해 신청 물량을 상점으로 운반한다. 이렇게 하는 경우 일부 품질이 저하할 수도 있고 운반비가 상승한다,

4. 상점에서는 구매한 물품을 품질을 확인한 후 인수하고 가격을 결정한다.

5. 고객이 필요로 하는 상품의 품질을 확인하고 합당한 가격이면 구매하고 대금을 지불한다.

식료품 상점의 판매 부서 분류

식료품 상점은 여러가지 형태의 부서를 통해 다른 형질의 상품을 제공한다.

각기 다른 포장과 모양을 가지며 동질의 상품이라도 포장이나 사용처의 개념이 다른 경우 다른 부서에서 판매하기도 한다.

식료품 상점의 판매 부서의 분류를 알아보자.

1. 그로서리

그로서리의 특징은 일정한 품질로 장기 보존이 가능하다는 것이다.

포장이 캔, 플라스틱 또는 비닐 포장으로 되어있고 일정한 용량과 품질이 균일하게 되어져 있다. 포장되지 않은 신선한 식품이나 낱개로 판매하지 않고 모두 포장 상태로 판매한다.

내용물은 음료, 소스, 또는 완제품 상태의 조리된 건조 음식, 파스타류와 같은 마른 국수가 있고 손질된 야채나 간편하게 먹을 수 있는 캔 또는 유리병에 담은 것들이 있다.

그리고 일부 우유제품군들은 건조처리 상태이거나 액체라도 캔 보장되어 장기 보존이 가능하도록 멸균, 살균, 화학 처리된 것들이다.

또한 위생용품인 휴지, 여성 위생용품과 1회용 플라스틱 식기 등 매우 다양한 제품을 판매한다.

2. 베이커리

베이커리 부서는 크게 빵, 파이, 머핀, 크랙커, 케익으로 나누어 진다. 빵류는 겉 표면이 부드러운 종류의 포장된 식빵, 또는 개별 단위로 포장된 빵 등이 있다. 식빵은 화이트, 홀 윗, 레이 브레드 와 같은 종류가 있고 그것에 너트를 첨가한 여러 파생형이 있다.

그 외 서도우 빵과 같이 샌드위치를 만들기 위한 겉 표면이 딱딱 한 종류들의 것도 있다.
이는 크게 이스트 발효빵과 이스트를 사용하지 않은 빵이 존재하 며, 재료로 밀가루나 살모리나와 같은 다른 류의 원료를 사용하 기도 한다.

파이는 도우에 여러가지 너트나 단맛의 토핑을 바르고 그 위에 과 일 또는 너트등을 올린 것이다. 이와 비슷한 류로 타트등이 있다.

머핀은 잉그리쉬 머핀, 일반 머핀과 그 일반 머핀에 베리 종류를 첨가한 맛을 변형한 형태도 있다. 크기를 다르게 해서 판매하기도 한다.

케익은 공장에서 만들어진 것으로 균일한 품질을 가지고 있다. 미국의 경우 지역에 개인적으로 운영하는 베이커리 점이 적어 슈퍼마켓에서 케익을 사기도 한다.

3. 야채 과일

야채와 과일은 신선 제품이며 시간이 경과함에 따라 품질이 저하되는 제품군이다.
야채는 잎 종류와 야채의 뿌리류들이 있다.
기타 다른 종류로는 마른 콩이나 야채나 과일을 이용해 만든 크래커도 있다.
일부 제품군 중 두부나 콩나물 그리고 콩으로 만들어진 델리 형태의 식물성을 위주의 베지테리언(Vegetarian)이나 비간 (Vegans) 형그로서리 제품도 취급하기도 한다.

과일은 열대과일과 일반 과일로 분류된다.

열대과일은 온도가 높은 지방에서 나는 당의 함유량이 많은 것으로 시간이 지남과 온도에 따라 일반 과일과 다르게 빨리 익는 성질을 가지고 있다. 약간 부드러운 살을 가지고 있다.

일반과일은 저장 기간이 길고 당도가 열대과일에 비해 높지 않으나 약간 딱딱한 성질을 가진 것이다.

위의 과일과 야채의 즙을 혼합해서 만든 음료수 등도 야채 과일 부서에서 판매하기도 한다.

4. 냉동식품

냉동 식품 아이템은 맛과 영양분을 그대로 보관한 상태에서 장기간 보존하기 위해 얼린 상태에서 보관하는 상품이다.

아이스 크림, 아이스 크림 케익, 전자레인지용 냉동된 식사 아이템과 냉동 피자 그리고 야채나 과일과 같은 먹기 좋게 또는 반 조리 또는 간편한 상태로 장기 보존하기 위한 아이템이다.

5. 데어리(Dairy, 유제품)

유제품은 저온에 보관해야 하는 제품군으로 부패 방지 온도인 38F이하에서 보관된다.

종류는 우유, 치즈 및 커피에 첨가하는 유제품이 있으며, 베이컨 소시지류와 같은 조제된 포장 고기류들도 있다. 거의 유제품이 주이다.

또한 빵과 같은 제품에 발라 먹는 샤워 크림, 크림치즈 같은 치즈류와 요리를 하는 과정 중에 사용되는 버터류나 마가린이 있다. 빵 반죽과 같은 반제품으로 포장된 것도 있다.

가장 일반적 상품인 달걀은 이 부서에서 판매하는 데 우유와 함께 가장 중요한 상품 중에 하나이다. 또한 요구르트도 가장 중요한 판매원 중에 하나다.

6. 델리

델리는 직접 음식물을 섭취할 수 있는 상태나 요리를 만들기 위한 반제품 상태의 제품 또는 완제품을 의미한다.

통상적으로 이미 만들어진 고기류 또는 치즈 종류가 있으며, 주식과 함께 먹을 수 있는 사이드 샐러드 또는 주식용 샐러드가 있다. 또한 식사할 때 같이 먹는 작은 포장의 스넥류도 이 부서에서 판매하기도 한다.

이미 조리된 상태로 자유 선택할 수 있는 뷔페식 음식이나 샌드위치와 같은 간편식을 주문식 조리하거나 미리 준비한 상태에서 팔기도 한다.

이 부서를 위주로 한 판매 방식이 델리 그로서리 상점이다.

7. 정육부

정육부는 소고기, 돼지고기, 가금류(닭, 터키, 오리, 거위), 토끼 등을 판매한다.

이는 이미 절단 또는 잘라 놓은 포장된 제품을 판매하고 대체적으로 근육 부위별로 절단하여 판매한다.

소고기의 경우는 대체적으로 근육을 가로, 세로 또는 그 부위를 도려내어 판매하고 있다.

이는 한국 정육점과 다른 판매 방식으로 한국 정육의 경우는 맛 부위별로 127가지의 제품으로 판매되지만 미국의 경우 근육 종류별로 절단해 소고기를 판매하고 있다.

이는 한국 정육이 미국 정육에 비해 경쟁력을 가질 수 있다는 것을 의미하기도 한다.

그리고 한국 정육의 경우 조리 방법도 다르기 때문에 맛이 다르게 구현된다.

제품과 함께 조리 방법을 가르치는 것도 매우 중요하다. 돼지고기의 판매와 닭의 판매량도 많은 편이다. 돼지 고기의 앞다리와 뒷다리는 주로 가공육으로 사용되며 삼겹살은 베이컨등의 가공육에 사용된다.

그리고 일반 등심이나 안심의 경우 포장되어 구이용 또는 지게용으로 판매된다.

붉은 색의 고기는 건강하지 않다는 속설에 섭취하지 않는 사람들도 많다.

그래서 하얀 닭고기를 선호하는 사람들도 많다.

8. 생선부

생선에서는 물고기, 문어, 새우, 게 그리고 손질된 냉동 생선을 팔고 있다.

생선을 절단해서 팔기도 하고, 토막, 뼈를 빼고 정리한 생선을 팔기도 한다.

그리고 매운탕과 같이 여러 종류의 생선을 혼합해 바로 즉석 요리를 할 수 있는 제품 또는 회로 바로 먹을 수 있는 고급 품질의 생선을 팔기도 한다.

9. 가정용품

가정용품은 집의 관리나 요리를 위한 도구나 집기류를 판매하는 것으로 매우 주목해야 할 부분이다. 통상 미국 상품점은 도구로서는 존재하나 편리성이 매우 약하고 다양한 욕구를 충족시키지 못하는 경우가 많다. 따라서 세심한 준비를 한다면 좋은 효과를 얻을 수가 있다.

10. 헤어 용품

헤어용품은 머리나 기타 미용제품군으로 인종에 따라 다양한 제품들이 존재한다.

기본적으로 헤어를 위한 칼라 염색 제품이나 젤 또는 포마드와 같은 제품만 아니라 머리의 두건, 가발, 이발용품, 파마용 기구와 같은 다양한 제품군들이 있다.

3장
생존성

사업 소매업 **생존성** 상품 직원
소비자 분석 전략 품질 보고서

돈의 흐름

상점이 공급자로부터 돈을 지불하고 상품을 매입한 후, 매입된 상품에 부가가치를 부여하고 종업원에게 임금을 댓가로 상품을 진열하게 한다, 고객은 그 물건을 보고 필요에 따라 화폐를 지불하고 물건을 구매한다.

이러한 행위가 반복되는 과정 중에 발생된 부가가치의 합계가 임금과 상품 매입비, 일반 비용과 세금을 부담하고도 적자가 나면 채권자에게 돈을 빌려 충당해야 한다. 이는 단기적 조치로 만일 지속적 사업 영위에도 이 상황을 벗어날 수 없다면 사업을 포기하게 된다.

이러한 상품의 교환에 의한 금전의 순환 과정이 무한 반복되어 부가가치를 가진 재화가 쌓이기 시작하면 사업을 확장하게 된다.

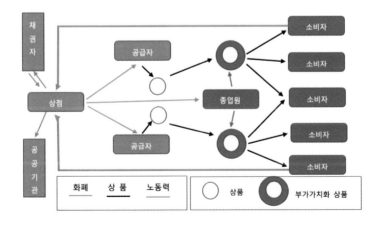

돈이란 사업에서 있어서 가장 중요한 요소이다. 사업체의 생명만 아니라 관련되는 인원의 생활 유지에 가장 중요한 요소이기 때문이다. 따라서 돈의 순환이 가장 중요해서 그 돈을 만들어 내거나 관리를 담당하는 사람의 임무는 매우 막중하다. 관리란 단순 보관을 의미하는 것이 아니라 순환에 문제가 발생하는 지 순환되지 않는 지 계속 주시해야 하고 전반적 순환을 검토해야 한다.

만일 순환에 장애가 발생하면 빠른 조치를 해야 하고 장애를 해결해야 한다.

결국 돈은 사업체의 영속성에 가장 중요한 요소이다.

비용 집계

사업을 하기 위해 먼저 생존성 분석을 해야 한다.

이 생존성 분석을 위해 비용을 먼저 추정해야 한다. 이 비용 추정으로 매출 목표를 설정하고, 이 설정된 매출을 달성하기 위해서 해야 하는 광고 선전을 위한 마케팅 전략, 소비자의 욕구 분석을 통한 상품의 추가 등 매출 증진을 위한 시도들이 이루어져야 한다.

그러니 만일 이 비용에 관한 추정과 예측이 잘못되어져 있다면 커다란 문제를 야기한다. 여기서 자세히 돈의 흐름을 분석해 보면 일단 상점을 유지하기 위한 기본 비용들이 발생을 한다. 상점 임대료, 광고비, 전기료, 수도료, 가스비, 통신비, 허가비, 면허세, 교통비, 장비 임대료, 이자, 세금이다.

상품에 관한 비용은 상품 매입비용과 운반비이다.

종업원에 대한 비용은 임금과 복지관련 비용과 세금이다.

또한 매출은 상품 매입비용에 부가가치를 부가한 가격으로 판매를 해야 한다.

이 상품의 부가가치 합계가 비용을 초과해서 발생하여야 한다.

판매 상품 판매의 총 합계〉상점유지 비용+상품매입비+종업원 임금+세금

위의 계산 방식은 상품에 일정한 이익률을 부가하고 상품으로부터 부가가치를 창출한다는 개념의 방법이다. 이익률은 30%를 가정하였다.

항목	월 비용	년 비용	누적 비용
건물 임대료	1,000.00	12,000.00	12,000.00
상품 매입비	7,200.00	86,400.00	98,400.00
인건비 및 복지비	800.00	9,600.00	108,000.00
전기료	100.00	1,200.00	109,200.00
수도료	80.00	960.00	110,160.00
가스비	80.00	960.00	111,120.00
통신비	50.00	600.00	111,720.00
허가비	10.00	120.00	111,840.00
면허세	10.00	120.00	111,960.00
교통비	5.00	60.00	112,020.00
광고비	8.00	96.00	112,116.00
세금	10.00	120.00	112,236.00
총합계	9,353.00	112,236.00	

위의 집계표는 기존 상점을 인수했을 경우의 가상 비용집계표
이다.

이 표는 비용에 상품 매입비가 포함되어져 있다.

상품 매입비를 제외한 년 간 비용은 25,836 (=112,236-86,400)
이다.

추정 매출

매입 후 비용 지출에 따른 비용 집계표가 만든다. 이후 그 집계된 비용을 감당할 만한 매출액을 추정하여야 한다. 매출액을 추정하는 방법은 몇 가지 고려 요소가 있다.

매장면적에 따라 상품을 전시할 종류와 수량이 달라지고, 또한 상품의 크기와 모양에 따라서 전시 면적이 달라 진다. 그리고 서비스의 상이점에 따라서 판매 방법이 달라진다.

이러한 여러 요소가 고려되는 데 기존 매장 인수인지 아니면 새로운 매장의 설치인지에 따라 또 달라진다.

일단 앞 페이지에서 가상 집계된 비용 집계표를 전제로 매출 추정표를 만들어 보자.

아래 표는 비용 집계 장에서 상품을 매입한 비용이 86,400이었는 데, 이 금액에 어떤 이익률로 판매해야 상품비와 기타 비용을 상쇄할 수 있는 지를 나타내는 표이다.

1. 상품 매입비 86.400.00

년 상품 매입비	이익률	연간 매출액	년간총비용	이익액
86,400.00	20%	103,680.00	112,236.00	(8,556.00)
86,400.00	25%	108,000.00	112,236.00	(4,236.00)
86,400.00	30%	112,320.00	112,236.00	84.00
86,400.00	35%	116,640.00	112,236.00	4,404.00
86,400.00	40%	120,960.00	112,236.00	8,724.00
86,400.00	45%	125,280.00	112,236.00	13,044.00
86,400.00	50%	129,600.00	112,236.00	17,364.00
86,400.00	55%	133,920.00	112,236.00	21,684.00
86,400.00	60%	138,240.00	112,236.00	26,004.00
86,400.00	65%	142,560.00	112,236.00	30,324.00
86,400.00	70%	146,880.00	112,236.00	34,644.00
86,400.00	75%	151,200.00	112,236.00	38,964.00
86,400.00	80%	155,520.00	112,236.00	43,284.00
86,400.00	85%	159,840.00	112,236.00	47,604.00
86,400.00	90%	164,160.00	112,236.00	51,924.00
86,400.00	95%	168,480.00	112,236.00	56,244.00
86,400.00	100%	172,800.00	112,236.00	60,564.00

위의 표는 상품 매입비 86,400으로 비용을 상쇄하는 이익률이 30%이다.

2. 상품 매입비 103,680.00

년 상품 매입비	이익률	연간 매출액	년간총비용	이익액
103,680.00	20%	124,416.00	129,516.00	(5,100.00)
103,680.00	25%	129,600.00	129,516.00	84.00
103,680.00	30%	134,784.00	129,516.00	5,268.00
103,680.00	35%	139,968.00	129,516.00	10,452.00
103,680.00	40%	145,152.00	129,516.00	15,636.00
103,680.00	45%	150,336.00	129,516.00	20,820.00
103,680.00	50%	155,520.00	129,516.00	26,004.00
103,680.00	55%	160,704.00	129,516.00	31,188.00
103,680.00	60%	165,888.00	129,516.00	36,372.00
103,680.00	65%	171,072.00	129,516.00	41,556.00
103,680.00	70%	176,256.00	129,516.00	46,740.00
103,680.00	75%	181,440.00	129,516.00	51,924.00
103,680.00	80%	186,624.00	129,516.00	57,108.00
103,680.00	85%	191,808.00	129,516.00	62,292.00
103,680.00	90%	196,992.00	129,516.00	67,476.00
103,680.00	95%	202,176.00	129,516.00	72,660.00
103,680.00	100%	207,360.00	129,516.00	77,844.00

위 표를 참조하면 전 표의 상품 보다 매입액 기준 20% 증가시켜 매입해서 (즉 매입액 103,680.00) 완전 판매한다고 가정하고 이익률을 점차 올리면 전표의 30% 이익률 보다 낮은 25% 이익률로 내려가는 것을 볼 수 있다.

이때 비용을 상쇄하는 판매액이 이루어지고, 마진율이 기존 보다 내려 간다면 경쟁에서 승리하기를 원하는 수단으로 상품 가격을 인하할 힘이 생긴다. 그러나 모든 전시된 상품이 일정 수익을 보장하는 마진율을 달성하는 것도 아니고 완전 판매가 이루어 지지 않기 때문에 쉬운 문제가 아니다. 그러므로 복잡한 이런 문제들을 해결하기 위해서는 미리 전시할 품목에 대해 연구가 이루어져야 한다. 또한 판매가 늘어난다는 것은 보다 많은 노동력이 투입된다는 것을 의미한다. 따라서 직원의 업무량이 늘어나면 인력이 더 보충되어져야 한다.

그러니 투입된 비용보다 매출에 따른 이익이 더 일어나지 않는다면 신중한 고려가 필요하다.

일단 여기서 다루고자 하는 것은 상점을 인수하거나 새로 개설하는 경우 어떻게 해야 생존할 수 있는 상점을 만들 수가 있느냐 하는 것이다.

뒤에 인수, 또는 신규 오픈 후 생존을 위해 영업 전략을 어떻게 전개해야 하는 가 하는 문제는 추후에 다루기로 하겠다.

년 상품 매입비	이익률	연간 매출액	년간총비용	이익액
69,120.00	20%	82,944.00	95,836.00	(12,892.00)
69,120.00	25%	86,400.00	95,836.00	(9,436.00)
69,120.00	30%	89,856.00	95,836.00	(5,980.00)
69,120.00	35%	93,312.00	95,836.00	(2,524.00)
69,120.00	37%	94,694.40	95,836.00	(1,141.60)
69,120.00	40%	96,768.00	95,836.00	932.00
69,120.00	45%	100,224.00	95,836.00	4,388.00
69,120.00	50%	103,680.00	95,836.00	7,844.00
69,120.00	55%	107,136.00	95,836.00	11,300.00
69,120.00	60%	110,592.00	95,836.00	14,756.00
69,120.00	65%	114,048.00	95,836.00	18,212.00
69,120.00	70%	117,504.00	95,836.00	21,668.00
69,120.00	75%	120,960.00	95,836.00	25,124.00
69,120.00	80%	124,416.00	95,836.00	28,580.00
69,120.00	85%	127,872.00	95,836.00	32,036.00
69,120.00	90%	131,328.00	95,836.00	35,492.00
69,120.00	95%	134,784.00	95,836.00	38,948.00

위의 경우는 상점의 매입을 20% 줄이는 전략을 선택한 경우이다. 상품의 수를 줄여 상품 매입비를 줄인 경우를 가정한 표이다. 이때 비용을 충당하기 위해서는 이익률을 높여야 하는 데 이때 경쟁력을 상실하게 된다.

단순하게 상품 매입비만 줄인 경우인데 실제로는 작업자의 수가 줄어 인건비가 감소하게 되는 데, 매출 감소에 비해 비용감소가 적다면 수익이 발생하기도 한다.

매출에 대한 기대값은 일정 기간 동안 전시된 "상품의 판매수량" X "판매 확률" X "이익액"
이들 상품들의 합계가 판매 이익이 되는 것이다.

이 상품 판매 이익이 총 비용을 상쇄하거나 그 이상이어야 한다.

부서별 생존 가능 이익률 분석

먼저 우리는 상점 전체적 입장에서 비용과 매출 분석을 해 보았다. 하지만 각 부서 마다 비용이 다르다. 따라서 부서마다 비용과 매출 분석을 통해 각자 그 비용을 상쇄하는 매출 계획을 가져야 한다.

그래서 그것을 분석하는 객관적 기준을 적용해야 한다.

첫째: 일반 비용은 판매비중으로 한다.

둘째: 상점 렌트 비는 부서별 점유면적으로 한다.

셋째: 공통 인건비는 판매비중으로 한다.

넷째: 냉장장비 사용료는 점유면적 또는 용량으로 한다.

다섯째: 각 부서에서 실질적으로 발생한 비용은 그대로 적용한다.

상점 총액		그로서리		야채 과일		유제품 냉동		델리		생선		고기	
분류	금액	%	금액	%	금액	%	금액	%	금액	%	금액	%	금액
건물 임대료	12,000.00	38.00	4,560.00	30.00	3,600.00	10.00	1,200.00	5.00	600.00	5.00	600.00	12.00	1,440.00
상품 매입비	72,000.00	27.00	19,440.00	21.00	15,120.00	15.00	10,800.00	6.00	4,320.00	10.00	7,200.00	21.00	15,120.00
인건비 및 복지비	9,600.00		2,600.00		1,800.00		1,400.00		800.00		900.00		2,100.00
전기료	1,200.00	32.00	384.00	24.00	288.00	13.00	156.00	4.00	48.00	7.00	84.00	20.00	240.00
수도료	960.00	32.00	307.20	24.00	230.40	13.00	124.80	4.00	38.40	7.00	67.20	20.00	192.00
가스비	960.00	32.00	307.20	24.00	230.40	13.00	124.80	4.00	38.40	7.00	67.20	20.00	192.00
통신비	600.00	32.00	192.00	24.00	144.00	13.00	78.00	4.00	24.00	7.00	42.00	20.00	120.00
허가비	120.00	32.00	38.40	24.00	28.80	13.00	15.60	4.00	4.80	7.00	8.40	20.00	24.00
면허세	120.00	32.00	38.40	24.00	28.80	13.00	15.60	4.00	4.80	7.00	8.40	20.00	24.00
교통비	60.00	32.00	19.20	24.00	14.40	13.00	7.80	4.00	2.40	7.00	4.20	20.00	12.00
광고비	96.00	32.00	30.72	24.00	23.04	13.00	12.48	4.00	3.84	7.00	6.72	20.00	19.20
세금	120.00	82.00	98.40	2.00	2.40	8.00	9.60	8.00	9.60		-		-
총합계	97,836.00		28,015.52		21,510.24		13,944.68		5,894.24		8,988.12		19,483.20

그로서리		야채과일		유제품 냉동		델리		생선		고기	
상품매입비	총비용	상품매입비	총비용	상품매입비	총비용	상품매입비	총비용	상품매입비	총비용	상품매입비	총비용
19,440.00	28,015.52	15,120.00	21,510.24	10,800.00	13,944.68	4,320.00	5,894.24	7,200.00	8,988.12	15,120.00	19,483.20
이익률	이익액	이익률	이익액	이익률	이익액	이익률	이익액	이익률	이익액	이익률	이익액
44.11%	8,575.52	42.26%	6,390.24	29.12%	3,144.68	36.44%	1,574.24	24.84%	1,788.12	28.86%	4,363.20

위의 분석 자료를 보면 상점 전체 비용 분석(표1)에서 보여주는 비용을 상쇄하는 이익률과 부서별로 비용을 분석하여 각 부서 비용을 상쇄하는 이익률이 각각 다르다는 것을 알 수 있다.

이렇게 다르다는 것은 각 부서가 어느 정도의 상품을 전시하거나 만들어 판매해야 하는 것을 나타내며 이 자료를 통해 영업전략이나 비용을 감소하기 위한 방법을 모색할 수 있다.

표에 있는 그로서리의 예를 들면 상품 매입비를 포함한 년간 경비가 28,015.52 라고 가정하고 상품구입비 19,440.00을 공제한 비용이 8,575.52 가 나온다.

이에 상품 구입비 19,440.00에 44.2%의 마진율을 적용할 때 8,592.48의 비용 상쇄 금액이 나온다. 이는 매출을 위해 최소 19,440.00 구입하고 판매해야 하는 것을 의미한다.

하지만 마진율이 44.0%가 보장되어져야 한다. 만일 이익률이 보장이 안되면 영업 전략을 수정하여 보다 많은 구매자가 보다 많은 상품을 사도록 유도해야 한다.

그로서리		야채 과일		유제품 냉동		옐리		생선		고기	
상품매입비외비용	8,575.52	상품매입비외비용	6,390.24	상품매입비외비용	3,144.68	상품매입비외비용	1,574.24	상품매입비외비용	1,788.12	상품매입비외비용	4,363.20
0.2	23,328.00	0.2	18,144.00	0.2	12,960.00	0.2	5,184.00	0.2	8,640.00	0.2	18,144.00
0.3	25,272.00	0.3	19,656.00	0.292	13,953.60	0.3	5,616.00	0.249	8,992.80	0.25	18,900.00
0.35	26,244.00	0.35	20,412.00	0.3	14,040.00	0.365	5,896.80	0.3	9,360.00	0.289	19,489.68
0.4	27,216.00	0.4	21,168.00	0.35	14,580.00	0.4	6,048.00	0.35	9,720.00	0.3	19,656.00
0.442	28,032.48	0.423	21,515.76	0.4	15,120.00	0.442	6,229.44	0.4	10,080.00	0.35	20,412.00
0.45	28,188.00	0.42	21,470.40	0.45	15,660.00	0.45	6,264.00	0.442	10,382.40	0.4	21,168.00
0.5	29,160.00	0.5	22,680.00	0.5	16,200.00	0.5	6,480.00	0.45	10,440.00	0.45	21,924.00
-	28,015.52	-	21,510.24	-	13,944.68	-	5,894.24	-	8,988.12	-	19,483.20

위의 표는 비용에 대응하는 매출표이다.

위의 지정 이익률에 대해 얼마나 매출을 달성해야 모든 비용을 상쇄하는 지를 나타내는 표이다. 비용을 상쇄하는 매출이 만들어져야 한다.

예로 그로서리의 경우, 상품 매입비(19,440) X 상품비를 포함한 이익률(1.442) = 총 비용(28,032.48) 이다. 이와 같은 방식으로 각 부서를 계산한다.

이것을 통해 어느 부서가 점포에 공헌도가 가장 높은 가를 파악할 수 있고, 만일 공헌도가 낮다면 각자 공헌도를 높일 수 있는 방법을 모색해야 한다. 그리고 이런 자료에 담당 부서장은 자극을 받아 매출 증대, 비용 감소에 신경을 써 최대 이익 목표 달성에 적극적일 수밖에 없다.

소요 비용을 상쇄하는 상품의 구성

우리가 먼저 비용을 추산하고 비용을 상쇄하는 이익률과 추정 매출액을 산정해 보았다.

그런데 비용의 증가에 따라서 이익률과 추정 매출은 약간 유동적이다.

이 비용의 변동은 영업 시간과 전시되는 물품의 수에 따라 지출
되는 비용이 변동한다.

영업시간은 에너지 비용과 인건비 변동에 영향을 마치고, 물품
의 수는 상품원가와 인건비가 연관이 되어져 있다. 그러나 전시
되는 상품은 종류와 수량에 대해 매입비가 직접 관련성이 있다.

여기서 고려할 점은 각 부서에 할당되는 영업 목표가 다르다는
것이다.
이 목표에 맞추어 상품이 전시되어야 한다.
부서 마다 다른 카테고리의 상품들이 있고 고객의 성향(인종,
문화, 국가, 나이, 성별)에 따라 물품들이 준비되고 판매량에 따
라 수량이 정해져야 한다. 판매 증가와 촉진을 위해서는 고객
의 구매 취향을 파악하여 상품을 다변화하고 그 고객의 이동경
로를 파악하여 쉽게 접근할 수 있도록 전시해야 한다.

그로서리		야채 과일		유제품 냉동		젤리		생선		고기	
상품 매입비 외 비용	8,575.52	상품 매입비 외 비용	6,390.24	상품 매입비 외 비용	3,144.68	상품 매입비 외 비용	1,574.24	상품 매입비 외 비용	1,788.12	상품 매입비 외 비용	4,363.20
0.2	23,328.00	0.2	18,144.00	0.2	12,960.00	0.2	5,184.00	0.2	8,640.00	0.2	18,144.00
0.3	25,272.00	0.3	19,656.00	0.292	13,953.60	0.3	5,616.00	0.249	8,992.80	0.25	18,900.00
0.35	26,244.00	0.35	20,412.00	0.3	14,040.00	0.365	5,896.80	0.3	9,360.00	0.289	19,489.68
0.4	27,216.00	0.4	21,168.00	0.35	14,580.00	0.4	6,048.00	0.35	9,720.00	0.3	19,656.00
0.442	28,032.48	0.423	21,515.76	0.4	15,120.00	0.442	6,229.44	0.4	10,080.00	0.35	20,412.00
0.45	28,188.00	0.42	21,470.40	0.45	15,660.00	0.45	6,264.00	0.442	10,382.40	0.4	21,168.00
0.5	29,160.00	0.5	22,680.00	0.5	16,200.00	0.5	6,480.00	0.45	10,440.00	0.45	21,924.00
-	28,015.52	-	21,510.24	-	13,944.68	-	5,894.24	-	8,988.12	-	19,483.20

그로서리 예상 매출이 년 28,032.48 이어야 비용 년8,575.52을 상쇄한다.

이는 그로서리28,032.48 매출을 12달로 나누면 2336.04 이다.

그러므로 이 비용으로 상품을 매입해야 한다. 한 상품당 평균 구매 단가가 5.00 라고 가정하자.

그럼 2336.04/5=467.208의 상품의 수를 구매할 수 있다.

이 상품이 한달 내에 팔려야 하나 그 상품은 한달내에 팔리지 않는다.

이 상품은 모두 판매될 확률이 모두 다른다.

단위	상품명	단가	수량	예상판매액	판매확률	판매기대값	0.442
1	A	9	30.00	270.00	0.75	202.50	292.01
2	B	7	29.00	203.00	0.67	135.33	195.15
3	c	7	27.00	189.00	0.60	113.40	163.52
4	d	7	27.00	189.00	0.50	94.50	136.27
5	e	7	29.00	203.00	0.75	152.25	219.54
6	f	5	29.00	145.00	0.58	84.58	121.97
7	g	5	28.00	140.00	0.75	105.00	151.41
8	h	4	27.00	108.00	0.60	64.80	93.44
9	i	3	26.00	78.00	0.75	58.50	84.36
10	j	2	25.00	50.00	0.83	41.67	60.08
11	k	1	24.00	24.00	0.67	16.00	23.07
12	l	8	23.00	184.00	0.58	107.33	154.77
13	m	7	22.00	154.00	0.90	138.60	199.86
14	n	6	21.00	126.00	0.90	113.40	163.52
15	o	5	20.00	100.00	0.45	45.00	64.89
16	p	4	18.00	72.00	0.50	36.00	51.91
17	q	3	17.00	51.00	0.58	29.75	42.90
18	r	3	16.00	48.00	0.41	19.68	28.38
19	s	4	15.00	60.00	0.50	30.00	43.26
20	t	3	14.21	42.63	0.75	31.97	46.10
20	20	5	467.21	2,436.63	0.65	1,620.27	2,336.43

목표 판매액 2,336.43을 달성하기 위해서는44.2%의 이익률로

원가 1,620.27 매입 가치의 상품이 팔려야 한다. 하지만 이 목표를 위해서는 2,436.63 가치의 상품액을 매입하고 준비해야 한다.

하지만 이 판매를 위해 준비한 상품이 판매 가능 기간내 각기 다른 확률로 판매되는 것으로 가정해야 한다. 만일 반품이 가능한 상품도 있고 그렇지 않은 상품도 있다.

반품이 가능한 상품은 매우 주의 깊게 관리되어져야 하고 만일 반품이 안되는 상품은 폐기 직전이 되면 원가를 회수하는 가격으로 판매해야 한다.

그리고 위에 표에 적용한 확률은 임의로 적용한 확률이다.
따라서 이 확률은 운영하는 과정 중에 소비자의 구매 행태를 관찰하여 판매 확률을 추적하고 연구하여야 한다.

이 판매 확률은 소비자의 소비 탄력성(Elasticity)에 영향을 받는 다.
이 탄력성은 단가의 변동에 연동해서 구매 량의 변동을 수량화한 것이다.

소비 탄력성 = (가격 변동 전 판매수량−가격 변동 후 판매수량)/(변동 전 가격−변동 가격)

손익 분기점

손익분기점(損益分岐點, break-even point, BEP)은 경제학, 사업, 특히 원가회계 분야에서 총 비용과 총 소득이 동등한 지점을 의미한다. 간단히 말해, 지불되어야 하는 모든 비용이 지불된 상태이고 특별한 이익이나 손실이 없는 경우를 말한다.

손익 분기점 분석은 자본 시간 원자재 등 수많은 투자 활동에 적용할 수 있는 매우 유용한 경영분석 도구이자 투자 분석 도구이다. 손익분기점 계산을 통해 자본을 얼마나 지출해서 투자해야 하는 지와 어느 정도의 수익을 기대해야 하는 지 알려 준다.

이 분석 기법을 통해 주기적으로 투자와 사업 경영 환경의 변화를 점검하고 이에 상응하는 대응 전략으로 생존성을 찾아 나가야 한다.

위의 정의에서 이미 언급하였듯이 손익 분기점은 손해와 이익이 전환되는 지점으로써 손익 분기점 이전은 비용(지출)이 과다해지는 지점으로 손해가 발생하고, 손익분기점 이후에는 비용 대비 이익이 커지게 되는 지점으로 이익이 발생하기 시작합니다.

손익 분기점 계산 공식은 판매 수량과 매출이 어느 지점에서 총 비용(변동비와 고정비)과 매출이 일치하는 가를 알아내는 공식이고, 이 공식을 통해서 알아낸 수량과 매출을 통해 매출액과 판매 수량이 증가될 수 있는 전략을 세워야 한다.

손익 분기점 공식에서 비용은 "고정비와, 변동비로 구성된다.

고정비는 상품의 판매와 상관없이 발생하는 고정 비용으로 상점 임대료, 전기요금, 가스요금, 수도요금, 인건비이다.

변동비는 상품의 판매 또는 제조와 연관돼서 변화하는 비용으로 원료비나 원자재비, 원료 운송비등과 같이 상품 제조 시점부터 발생하며 매출 증가할 때 이에 비례해서 같이 증가하는 항목이다.

$$손익분기점 = \frac{고정비}{1 - \dfrac{변동비}{매출액}}$$

이 공식을 분석해 보면 변동비/매출액의 의미는 매출을 위해 사용되는 변동비 비율이다.

이 공식의 분모 부분은 1에서 변동비/매출액을 공제한 의미는 상품 매출로 발생하는 이익률이다. 즉 판매액 중 이익의 비율의 공식은 이익률=1-변동비/매출액인 것이다.

이 이익률로 고정비를 나누면 변동비와 고정비가 일치하는 점이 이것이 손익 분기점액이다.

아래 관점은 생산관점의 계산 방식이다.

고정비가 50만원이고, 판매가가 2만원인 상품의 제조 원가는 1만원이다.

이를 공식에 대입하면

손익 분기점 매출액= 50만원/(1-1만원/2만원) = 100만원

여기에서 생산비 비율은 1만원/2만원, 0.5이고, 1-변동비 비율 즉 이익률은 0.5 이다.

결국 100만원의 매출을 이루면 이익이 0이 되고 판매가 더 커지면 이익이 발생하기 시작한다는 것을 의미한다.

몇 개를 판매해야 하는 가는 목표 매출액/판매단가 즉 100만원/2만원, 50개이다.

좀 더 쉬운 이해를 위해 도표를 분석해 보자.

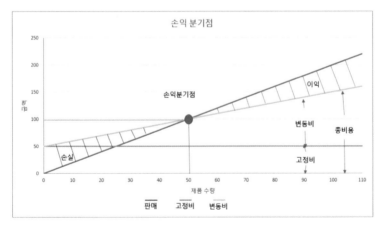

위의 도표에 많은 선들이 보인다.

X축은 매출 수량이고 Y 측은 매출액이다.

붉은 일정한 금액의 고정비 선이고, 파란선은 매출선이다. 노랑 선은 제조 또는 생산됨에 따라 증가하는 변동비 성격의 비용선 이다. 이 도표에서 비용선은 고정비에서 출발해야 한다. 왜냐하 면 비용선은 고정비+변동비 이기 때문이다. 그래야 매출선과 일치하는 점에서 X축에 판매 수량 그리고 Y축에 판매액이 도 출된다.

이를 수식화해서 설명하면 비용선을 Y1라 하자.
고정비를 C 그리고 단위당 생산단가를 D라고 가정하고 제품수 량을 X 라고 하자.
그러면 1차 함수가 만들어 진다.

$Y1=C+DX$

그리고 다시 매출선을 Y2라고 하자.
판매가 E, 그리고 제품수량 X 이므로 수식을 다음과 같이 만들 수 있다.
$Y2=E*X$

이 분석의 개념이 제품에 들어가는 비용이 판매액과 같아지는 생산수량을 찾는 것이 목적이므로

$Y1=Y2$ 이어야 한다. $C+DX = E*X$이다.

비즈니스 바이블

따라서 여기에 주어진 상수를 대입하면 고정비 C, 50만원, 생산단가 D, 1만원, 판매가 E, 2만원이다. 50+1*X=2X, X=50 이다. 결국 상품 50개를 생산해서 다 팔면 비용이 상쇄한다는 것이다. 매출액은 50*2=100만원이다.

위의 예는 생산 제품에 대한 것이므로 판매 상품에 대한 다른 예를 들어 보자.
고정비가 50만원이고, **매출액이 100만원**이다. 또한 **변동비가 50만원**이라고 하자.
그러면 손익분기점 금액 = 50만원/(1-50만원/100만원) = 50만원/(1-0.5) = 50만원/0.5 =100만원이다.
이 경우 기존 매출액이 100만원이고 손익분기점액이 100만원이므로 이 매출액이 고정비용과 변동비를 모두 상쇄하는 비용임을 알 수 있다. 이때 매출이 증대하면 수익이 발생하기 시작한다.

만일 변동비나 판매액이 같다는 조건 하에서 **고정비가 70만원**이라고 하는 경우를 분석해 보자.

손익분기점 금액=70만원/(1-50만원/100만원) = 70만원/(1-0.5) = 70만원/0.5 = 140 만원이다. 결국 기존의 매출액 100만원으로 기존의 변동비와 고정비를 상쇄할 수가 없다.
결국 매출이 상승을 해야 한다. 즉 판매 수량이 늘어나야 매출이 늘어난다.

그리고 각 부서별 손익 분기점 계산을 통해 합리적 전략을 선택해야 한다.

이 공식을 소개하는 이유는 이것을 통해 주기적으로 확인을 통해 수익성이 보장되는 가를 확인해야 한다는 것이다. 또한 이 공식에 포함된 요소를 잘 이해하면 여러가지 전략들이 도출될 수 있다. 위의 방법을 통해 수익성을 확보해야 한다. 하지만 이런 직접비용이나 간접 비용의 증감 변동할 때 나타나는 역 효과들이 존재한다. 그러므로 조심스러운 접근이 필요하다.

손익 분기점 공식에서 도출되는 생존 전략

현재 수익성이 좋지 않아 개선을 하고자 한다. 그렇다면 수익성을 늘리기 위해 어떤 조치를 해야 할까?

일단 우리가 먼저 손익 분기점 계산을 위해 사용되어진 공식을 기억해 보자.

$$손익분기점 = \frac{고정비}{1 - \dfrac{변동비}{매출액}}$$

비즈니스 바이블

위 공식에서 손익분기점이 나타내는 의미는 손익 분기점 판매액을 나타낸다.

즉 판매액이 모든 비용을 감당할 수준이라는 것이다. 그리고 매출액은 기존 매출액을 나타내는 것으로 손익 분기점 매출과 비교하여 얼마나 증가 또는 감소해야 하는 가를 알려주는 정보가 된다. 위 손익 분기점 공식에서 나타내는 분모의 부분은 이익률을 나타내는 부분이다.

이익률=1-변동비/매출액
매출에 대한 변동비의 비중=변동비/매출액

이를 표로 만들어 분석해 보자.

	매출액	변동비	변동비율	이익률	고정비	손익분기점 (판매수량)
전략1	⬆	➡	⬇	⬆	➡	⬇
전략2	⬆	⬆ 매출액〉변동비	⬇	⬆	➡	⬇
전략3	⬆	⬇	⬇	⬆	➡	⬇

전략 1의 경우는 매출이 증가하게 되면 필연적으로 매입 금액

과 관련 비용이 상승하게 된다. 따라서 같은 변동비를 유지하기 위해서는 보다 강해진 구매력을 이용하여 상품 매입 단가를 저렴하게 하여 추가 매입 비용을 전 상품 매입 가격과 동일 한 수준에서 관리하여야 한다.

하지만 고정비는 매출이 증가하는 경우 인건비가 상승할 수 있다. 그 변화의 폭이 그리 크지 않다.

전략 2의 경우는 이 전략이 가장 이상적인 전략으로 매출이 증가하면 자연적으로 매입 금액과 관련 비용이 상승하게 된다. 그러나 이 변동비용 상승액이 매출 상승액을 초과하거나 기존의 매출 이익과 비율을 저해하는 수준이 되어서는 안된다.

전략 3의 경우는 일어날 수 없는 상황으로 매출이 증가하나 반대로 변동비가 감소할 수가 없는 것으로 획기적 비용 절감 효과를 얻을 수 없다. 하지만 회계적으로 자산을 처분해서 잉여이익을 발생시키면 손익 분기점이 내려간다.

위의 표에서 보았듯이 손익 분기점 개선을 위해서는 매출이 우선적으로 상승되어져야 한다. 변동비가 고정된 상태 또는 소폭 상승에서 매출이 증대하면 이익률이 증가한다. 하지만 매출이 감소할 때 비용이 동반 하락해도 이익률은 상승한다. 이렇게 실제적 이익 총액의 비교를 통해 점검해야 지 단순하게 이익률에 매달려 분석하게 되면 실질적 이익 총액이 줄어 들거나 비용이 증가되어 이익이 증가하지 않는 결과를 가져오기도 한다. 그러므로 매출에 따라 여러 변수들에 종속되어 변동하기 때문에 신중하게 다뤄져야 한다.

위 전략은 매출 상승을 기반으로 한 방법으로 이익률을 상승시키고 고정비는 변동하지 않는다는 가정을 한 전략이다. 사실 고정비는 변동이 거의 없다. 하지만 고정비를 줄이거나 늘려서 판매량을 늘리는 방법들도 존재한다.

그 예로, 만일 영업 시간을 늘리는 경우 인건비가 상승한다. 하지만 그 인건비 상승 부분을 매출 이익이 상회한다면 그 전략도 해 볼 만하다.

하지만 시간을 늘린다는 것은 아침 일찍 또는 저녁 늦게 연장하는 것으로 손님들이 방문할 확률은 그리 높지 않다.

변동비를 감소시키는 방법은 생산되는 제품이라면 새로운 방법으로 생산 효율을 높일 수 있으나 판매 상품의 경우는 매출 상승과 더불어 매입비 및 운송비 등이 증가할 수밖에 없다. 따라서 변동비를 감소시키는 방법은 실시하기 어려운 방법이다.
하지만 특정 상품에 대한 구매력(Buying Power)을 이용해 싸게 구입하는 경우 단기적 효과는 볼 수 있다.

이 방법은 주로 사업 초기 단계에 사업의 생명력을 불어넣기 위해 하는 정착 단계의 전략이다. 후에 안정화가 이루어진 후에는 보다 적극적인 방법이 사용되어져야 한다.

위험 관리

위험관리란? 기업이 자산에 손실이 생기거나 파산과 관련되는 사건이 일어날 가능성이 높은 것을 상시 관리하는 것이다. 곧 막대한 비용 발생으로 일어나는 비해를 사전에 방지하고자 하는 것이다.

이를 1급 위험요소, 2급 위험요소, 3급 위험요소로 나눌 수 있다.

1급 위험 요소: 화재, 홍수와 침수, 폭동, 태풍

1) 화재 발생시 일부 또는 전부 소멸할 수가 있다.

이때 발생되는 손해는 화재로 인한 상품 손실, 건물 손실, 영업 중단에 따른 손실로 피해 복구에 많은 돈이 들어간다.

전기 화재, 불꽃 기구로 인한 화재, 인위적 방화, 가스 폭발 등 많은 요소들이 있다.

2) 홍수나 침수 시 상품, 건물 등 전부를 잃을 수 있다.

따라서 사업 시작 전 홍수나 침수 피해에 대한 것을 먼저 점검해야 한다.

3) 폭동 시 약탈과 방화 등 폭력이 발생해서 상품의 일부 손실과 직원의 피해가 발생할 확률이 높다. 폭동에 대응해서 방어 전략을 수립해야 한다.

4) 태풍은 천재 지변으로 사전에 대비를 해야 한다. 만일 문제

가 생기는 경우 심각한 사태를 유발할 수 있다.

2급 위험 요소: 강도, 또는 사고

강도는 무장의 정도에 따라 그 위험이 달라진다.

만일 권총이나 칼등으로 무장하는 경우 심각한 인적 피해를 일으킬 수 있다. 이 위험요소는 피해의 규모가 크지 않으나 인적 피해가 발생하기도 한다. 하지만 파산에 이를 정도로 심각한 피해가 발생하지는 않는다.

3급 위험 요소: 절도

절도는 1회의 경우는 피해액이 크지 않으나 그 발생 건수가 많을 경우 피해액이 상당하므로 조심해서 관리해야 한다. 통상 보안 요원의 근무를 통해 그들이 주시 당한다는 것을 계속 인식하게 해야 한다.

또한 경영 분석과 감사를 통해 직원의 절도나 절취를 못하는 구조를 만들어야 한다.

상점에서 발생하는 손실 방지

상품은 수령부서를 거쳐 계산부서를 통해 팔려 나간다.

이 과정은 수많은 자료를 만들어 낸다. 그리고 이 과정은 무한 반복된다.

이 과정에서 나오는 실수는 전부 막대한 손실을 발생한다. 따라서 이 업무는 철저하게 관리되어져야 한다.

만일 상품 수령부서에서 단가를 잘못 보거나 또는 수량의 계산이 잘못되어지는 경우 계산상 이익이 발생해도 실제 엄청난 손실이 일어난다.

만일 원가 1,000원짜리 10개를 수령해야 하는 데 실수로 9개만 수령했다고 하자.

그럼 1.000원의 손실이 발생한다. 이 보다 더 손실이 난다.

그런데 30% 이익률을 계산하여 판매한다고 하자.

실 매입 1,000원X 9개 = 9,000원 원가, 매출은 9,000X1.3 = 11,700원

실 구입 지불액: 10,000원, 실제 이익 1,700원

원 판매 1,000원 X 10 개 = 10,000원 원가 매출은 10,000X1.3 = 1,3000

실 구입 지불액: 10,000원, 실제 이익 3,000 원

실제 손실은 3,000원 − 1,700원 = 1,300원이다.

하나의 실수로 1,000원이 아닌 1,300원의 손실을 발생시키는 점을 유의해야 한다.

계산 부서의 실수도 굉장히 치명적인 결과를 생산하다.

만일 쇼핑 카트나 바스켓의 물건을 모르고 계산하지 않는 경우. 그대로 이익에서 모든 비용을 감당하게 된다.

결국 판매가 1,000원의 실수는 이익률 30%를 공제한 원가 1,000/1.3 = 769.2 원가를 이익에서 잃어버리는 것이다. 결국 이 금액은 상품을 2,564원 팔아야 얻을 수 있는 이익이다.

이처럼 제품 수령 부서나 계산 부서의 실수는 굉장히 치명적인 결과를 생산한다.

따라서 이중으로 시스템이 작동하도록 해야 한다. 수령 책임자와 부서의 관리자가 같이 수령하여 관리자는 품질이나 가격 위주로 판단하고 수량은 수령 검수 부서 담당자가 확인하도록 하여 이중 점검을 해야 한다. 또한 계산 부서에서도 계산원이 계산하는 과정을 계산대 관리자가 전방 관찰을 통해 쇼핑 카트나 계산되지 않는 물건이 반출되지 않도록 통제해야 한다.

종종 고객이 의도적으로 문제를 일으키는 경우도 있는 데, 계산 안된 물품을 계산대 관리자가 먼저 보고 지적하여 계산원과 고객 간의 다툼을 사전에 차단하여야 한다. 그리고 만일 절도의 경우는 계산대를 이탈해 영수증을 받고 통과한 이후에 지적을 해야 한다. 만일 이전에 지적을 하면 명예훼손이나 기타 다른 이유로 고소를 당할 수 있다.

4장
상품

사업 소매업 생존성 **상품** 직원
소비자 분석 전략 품질 보고서

상품의 구분

상점에서의 상품은 무엇일까? 상품은 고객이 원하는 것을 전시해 놓고 사 가기를 바라는 물품이다.

이 물품은 주류상품과 유인상품으로 구분한다.

주류상품은 그 물건이 어디 있던 간에 그들의 필요성에 따라서 구매하게 된다.

이는 주로 당일 소비될 에너지를 창출할 상품을 사게 된다. 즉 당일 먹어야 에너지가 만들어지는 상품이다. 하루에 필요한 에너지는 권장 칼로리로 계산되는 데 이는 개인별로 다르므로 본인의 상황에 맞추어 계산해야 한다.

계산 방법은 다음과 같다.

권장 칼로리 = 표준체중(Kg)X활동지수

표준체중(Kg) = 키(Cm) - 100

활동지수 판단

   활동량이 적은 경우 25

   보통의 활동량인 경우 30~35

   신체 활동이 많은 경우 40

> 예) 175Cm의 키를 가진 활동이 많은(40) 남성에게 필요한 권장 칼로리는?
> 표준 체중 Kg: 175Cm-100 = 75Kg
> 활동지수: 40
> 권장 칼로리 75X40 = 3,000 Kcal

이 사람이 가지는 활동량에 따른 에너지의 소비량을 비교해 보자.

활동지수	25	33	40
권장 칼로리	75X25=1,875	75X33=2,475	75X40=3,000
등급간 차이		600(25와 차)	525(33과차) 1,125(25과 차)

보는 바와 같이 사람들의 활동 지수에 따라 그 칼로리 소비량이 달라진다.

이 칼로리 차이의 의미는 곧 그들이 칼로리 소비량에 따라 식품의 구매량을 조절한다는 것을 의미한다. 따라서 활동량이 적어지면 구매액이 줄어든다.

이렇게 구매에 영향을 미치는 활동지수는 여러 변동 요인들을 가지게 된다.

날씨로 인한 활동 장애, 계절에 따른 활동 장애, 그리고 기후 변화에 따른 활동 장애, 나이에 따른 세대별 활동 요인들을 들 수 있다. 특히 그들의 소득 수준에 따라 구매 물품의 질이나 양의 편차가 발생한다. 이런 요인들로 인해 하루 하루의 매출이 변화하는 것이다.

그러므로 이런 필수 요소를 잘 이용해야 한다. 즉 그들이 필요로 하는 필수 상품을 잘 이용하는 경우 손님을 많이 유치할 수 있다.

여기서 우리는 필수 상품의 의미를 알았고 하루 권장 칼로리 소
비량을 알았다.

그럼 그들이 얼마만큼의 영양소를 필요로 하는 지 알아보자.

■ 식품 등의 표시·광고에 관한 법률 시행규칙 [별표 5] <개정 2020. 9. 9.>
1일 영양성분 기준치(제6조제2항 및 제3항 관련)

영양성분(단위)	기준치	영양성분(단위)	기준치	영양성분(단위)	기준치
탄수화물(g)	324	크롬(μg)	30	몰리브덴(μg)	25
당류(g)	100	칼슘(mg)	700	비타민B$_{12}$(μg)	2.4
식이섬유(g)	25	철분(mg)	12	바이오틴(μg)	30
단백질(g)	55	비타민D(μg)	10	판토텐산(mg)	5
지방(g)	54	비타민E (mgα-TE)	11	인(mg)	700
포화지방(g)	15	비타민K(μg)	70	요오드(μg)	150
콜레스테롤(mg)	300	비타민B$_1$(mg)	1.2	마그네슘(mg)	315
나트륨(mg)	2,000	비타민B$_2$(mg)	1.4	아연(mg)	8.5
칼륨(mg)	3,500	나이아신 (mg NE)	15	셀레늄(μg)	55
비타민A (μg RE)	700	비타민B$_6$(mg)	1.5	구리(mg)	0.8
비타민C(mg)	100	엽산(μg)	400	망간(mg)	3.0

비고
1. 비타민A, 비타민D 및 비타민E는 위 표에 따른 단위로 표시하되, 괄호를 하여 IU(국제단위) 단위
   를 병기할 수 있다.
2. 위 표에도 불구하고 영유아(만 2세 이하의 사람을 말한다. 이하 같다)용으로 표시된 식품등의 1
   일 영양성분 기준치에 대해서는 「국민영양관리법」 제14조제1항의 영양소 섭취기준에 따른다.
   다만, 만 1세 이상 2세 이하 영유아의 탄수화물, 당류, 단백질 및 지방의 1일 영양성분 기준치에 대
   해서는 탄수화물 150g, 당류 50g, 단백질 35g 및 지방 30g을 적용한다.

위의 표는 대한민국 정부에서 권장하는 1일 영양성분 섭취 권
장량이다.

결국 그들은 활동도에 따라, 가족 수와 연령에 따라, 그리고 구
매 주기와 음식물 섭취 장소에 따라 구매량을 달리 결정한다.

그들은 이 에너지를 만들기 위해 음식물을 섭취하는 것이 기본
욕구이다. 하지만 그들의 식품에 대한 선호도는 다르다.

그렇다면 어떤 음식물을 제공해야 할까? 이런 질문을 해야 한다.

그래서 전장에서 사업의 대한 철학을 이야기해야만 하는 것이다. 인간의 욕구에 대한 기본적인 이해 없이는 사업이 잘 될 수가 없다.

결국 소비자가 원하는 최상의 상품은 "값싸며 양질의 에너지를 생산할 수 있는 제품이 선호도가 높다는 것"이다. 이 후 그들은 부피가 크거나 액체를 통해 부풀어 올라 포만감을 느껴야 하고 그리고 그들이 원하는 맛과 씹는 질감, 향을 가져야 한다는 것이다.

인간이 느끼는 맛은 주로 단맛과 짠맛, 신맛, 쓴맛 그리고 매운맛 과 우마미 맛이 있다.

단맛의 의미는 바로 에너지를 의미한다. 통상 단맛을 어린이들이 좋아하는 데 이는 그들이 필요로 하는 당류를 소화기능이 발달하지 않아 직접 공급받기를 원하기 때문이다.

또한 **짠맛**은 소금기로 인해 삼투압현상으로 체내에 에너지를 만든 영양분을 저장하는 역할을 하며 신체에 필요한 전기의 공급과 여러 대사에 관계하기 때문이다.

신맛은 대체로 산을 포함하고 있어 대장내 또는 신체가 가지고 있는 박테리아를 조절하는 기능을 한다. 그래서 부패에 대한 강한 저항으로 신맛을 가진 제품을 열대 지방의 사람들은 항상 먹는 다. 다른 신맛은 역할은 몸의 기가 분산될 때 신맛으로 기를 집중화시킨다.

쓴맛은 많은 사람들이 선호하지는 않으나 이는 건강한 맛으로 알려져 있다.

쓴맛이 나는 제품은 몸을 자극하고 활성화시킨다. 예로 인삼이 있다.

그리고 쓴 맛을 가진 식품이 칼로리양이 다른 맛보다 높은 편이다.

매운맛은 맛의 일종은 아니나 맛의 자극이 뇌를 활성화시킨다고 알려져 있다.

그리고 이 매운 맛은 한국인들이 선호하는 데 나라 마다 매운맛이 다르다,

한국인들은 맛은 매운데 그 가운데서 단맛의 성질이 올라온다.

멕시코의 단맛은 단맛이 존재하지 않고 매운맛만 난다.

우마미의 맛은 다시마와 같은 제품을 우려내면 나오는 맛이다.

씹는 질감에 관해서는 대륙별로 약간 차이가 난다.

예로 아시아인들은 익은 감을 매우 좋아한다. 하지만 남미나 아프리카계 사람들은 이와 같은 부드러운 질감의 제품은 상했다고 생각한다. 통상 그들의 생활권에서 부패한 음식은 먹을 경우 매우 부드럽게 씹히고 맛이 안 좋기 때문이다. 감은 먹기 전까지 향이 잘 안 난다.

향은 주로 맛과 함께 동반되는 데 감각적으로 거부감이 없어야 한다.

이런 상품이 그들에게 주류 상품이다.

그렇다면 어떤 상품이 유인 상품일까?

요리의 예로 파스타를 들자.
파스타를 만드는 재료는 파스타 면, 파스타 소스, 치즈, 고기류(소고기, 돼지 고기, 새우, 소시지 ..), 토마토, 마늘, 파, 후추 그리고 베이즐이나 오레가노, 타임과 같은 향신료이다.
여기서 후추를 판다면 파스타와 파스타 소스를 살 가능성이 높을까? 절대 아니다.
유인상품으로 원가가 제일 싼 주재료인 파스타 면을 원가로 팔아야 한다. 그렇게 하면 그들은 다른 연관 제품들을 사게 되는 것이다. 만일 요리 방법을 몰라 연관 제품을 모르거나, 연관 상품의 잘못된 선택 또는 단순히 재고량이 많아 세일 가격을 만들어 유인하는 경우 판매량도 낮고 연관 상품의 판매가 많지 않아 효과가 크지 않다.

이 장에서 소비자가 왜 상품을 사야만 하는 가에 대해 논하였고 그들이 필요로 하는 것이 무엇인가에 대해 논하였다. 그들이 상품을 선택하는 기준이 무엇인가에 대해 알아보았다.
그리고 그들을 유인하는 방법에 대해 논 하였다.

그들은 필요에 따라 활동하고 그 활동량에 떠라 에너지를 요구한다.

따라서 제품을 가져다 놓고 파는 상점이나 음식을 만들어 파는 점포들은 그들이 원하는 것을 준비하고 만들어 팔아야 하는 것이다.

기억하라! 그들이 원하는 것이 아니면 그들은 절대 자원을 함부로 소비하지 않는다.

상품의 선택

고객이 상품을 선택할 때 어떤 기준으로 그들은 선택을 하게 될까? 통상적으로 그들은 자신이 좋아하는 제품을 알고 있으며 이미 그 맛을 익숙히 알고 있는 제품을 선택하고 자 한다.
하지만 그들이 그것을 찾지 못하거나 대체품을 선택하고자 한다면, 동종의 상품을 같은 공간에 전시하고 그들의 선택이 쉽도록 기회를 만들어야 한다. 먼저 카테고리 별로 분류하고 동종의 물품을 한 칸에 전시해야 한다.

또한 특정 국가의 고객을 유치하기 위해 국가별로 생산되는 물품을 한 아이일에 전시할 수도 있다. 그리고 상품의 상표 인지도가 높은 경우 특정 회사의 물품을 한 곳에 전시해 판매 집중도를 높일 수 있다.

예를 들면 야채는 야채대로 같은 공간에 넣어야 하고 샐러드
용 야채는 샐러드 야채대로 스프에 사용되는 야채는 스프용 야
채 대로 분류해야 한다. 그리고 될 수 있는 한 같은 종류의 물건
들은 한 선반위에 또는 많은 경우 한 칸 안에 들어가도록 전시
해야 한다.

그래야 한 눈으로 인식할 수 있고 선택의 시간이 줄어든다.
이렇게 한 눈으로 그 제품을 인식하게 되면 그 제품 각개 별로
품질을 살피게 된다.
따라서 그 신선도를 체크하는 방법은 색깔, 껍질의 상태나 모
양 또는 향기를 맡아 이상한 점을 확인한다. 그리고 때로는 야
채의 경우 제품의 뿌리 부분을 절단해서 품질을 향상시키는 데
붉은 색을 띠고 있으면 손질한지 오래된 저 품질 제품으로 취급
한다, 그리고 잎을 약간 씹어 단맛이 강한 지 확인한다. 과일의

경우는 꼭지 부분의 향을 맡아 단맛이나 본래의 향이 강한 지 또는 과일을 자체를 눌러 찌그러지는 지를 확인한다.

그로서리의 경우는 포장 상태를 확인해 찌그러지거나 녹슬거나 포장이 부풀어 올랐는 지 확인하고 보존 기간을 확인한다.

액체로 된 제품은 내용물에 이물질이 발생했는지 냄새가 나는 지, 아니면 부풀어 올랐는 지 확인해야 한다.
제품 종류에 따라서 품질을 확인하는 방법이 다르다.

신선 식품의 전시 방식

신선 식품의 특징은 야채 과일을 전시하는 방식이 판매에 영향을 미친다.
너무 많아도 안되고 너무 적게도 안된다. 이는 손님들의 취향이 많은 가운데 좋은 것을 선택하는 기쁨을 가지고 있기 때문이다. 따라서 소비자의 근본적인 구매 방식을 이해해야 한다.

첫째: 고객은 품질을 위주로 생각한다. (Quality)
모든 상품은 품질을 가지고 있고 그 품질에 합당한 가격을 가지고 있는 가하는 의문을 가진다. 만일 고 품질의 제품이 평균 가격 보다 낮게 판매되고 있다면 엄청난 판매량을 가지게 된다. 따라서 제품의 품질은 최우선적으로 고려되어져야 한다. 하지

만 가격은 필수요소이기는 하지만 품질에 관련된 종속적 고려 요소다.

둘째: 다양성을 보유해야 한다. (Diversity)

상점에 많은 종류의 제품을 보유한다는 의미는 요구가 다양한 고객을 확보하겠다는 의미이다. 결국 손님은 선택의 폭이 넓어지고 판매 상품의 개수가 늘어난다. 즉 매출의 증가를 의미한다. 하지만 방문 고객들이 관심이 적은 제품을 갖다 놓아 폐기량이 판매량 보다 많다면 심각한 고려를 해야 한다.

셋째: 풍부해야 한다. (Abundant)

고객은 풍부하게 쌓인 제품을 보면 품질이 좋을 것이라고 예상을 한다. 그리고 가격도 좋을 것이라고 예상을 한다. 왜냐하면 상점에서 가격이 높은 제품을 저렇게 많이 쌓아서 팔 수가 없기 때문이다. 그래서 그들은 무의식적으로 다가가고 그 많은 제품 중에서 선택하여 구매를 결정하게 된다. 따라서 풍부한 전시는 좋은 구매 충동 요소이다.

하지만 너무 많이 전시를 하여 나중에 품질이 저하된 많은 수의 상품이 나오게 되 파는 것보다 손실이 더 많이 발생할 확률이 높다. 따라서 실제 풍부하게 쌓아서 손실이 발생하는 경우, 풍부하게 보이게 전시하는 것도 하나의 기술이다.

품질	다양성	풍부성	고객의 구매 충동

상품의 변화 과정

야채 과일부의 상품을 변형시켜 새로운 상품을 만들어 가는 과정은 고객의 욕구를 충족시키는 과정이기도 하고 품질관리 과정의 하나이다.

통상적으로 신선 상품은 일정 품질을 유지하다 품질이 급격히 하락한다. 하지만 일부 채소나 과일은 시간이 지남에 따라 당도가 높아졌다가 부패하기 시작한다. 이러한 과정 중에 같은 제품을 다른 변형 제품을 만들어 팔아야 폐기량이 줄어 비용이 감소하고 매출이 늘어난다.

멜론 주스	과일 주스	4차 상품
혼합 과일 샐러드	혼합 과일 샐러드	3차 상품
슬라이스 멜론	잘라 만든 샐러드	2차상품
멜론	원 상품	1차 상품

여기서 예를 들어 설명해 보자.

1. 과일은 초기 아직 안 익은 과일이 들어오고 판매하는 과정 중에서 익어간다.

그러다가 선반에서 시간이 지나면 익어 달기는 하지만 선반에서 판매하기 어려워진다.

2. 이 경우 과일을 깎아서 샐러드를 만든다.

3. 그리고 여러 종류의 익은 과일 들을 혼합해서 새로운 형태의 샐러드를 만든다.

4. 완전이 익어 샐러드를 만들기 어려우나 아직도 향이나는 과일은 주스를 만든다.

5. 다른 선택은 얇게 썰어서 말리거나 설탕을 첨부해 청을 상품을 만드는 것도 방법이다

이외 야채의 경우도 원 상품을 단위로 포장하고 그 상품을 다시 여러 제품과 혼합하여 다른 용도의 제품을 만들어서 팔아도 된다. 이렇게 응용력 있게 사람들이 요구하는 제품을 만들어야 한다.

특히 계절에 따른 제품의 생산 능력이 있어야 한다. 겨울 에는 따듯한 국물을 만들기 위한 수프나 여름철에는 시원한 야채 샐러드를 만들어야 한다. 이렇게 계절에 따른 계절 상품을 만들어야 한다.

상품 가격의 결정

시장에서의 가격은 수요와 공급의 법칙에 의해 결정된다.
하지만 이 법칙은 완전 경쟁시장이라는 조건에서 이루어진다.
통상적으로 이 법칙에 의해 결정된 가격은 소비자가 그 가격을
받아들인다.
이런 법칙을 받아들이는 고객을 바로 가격 순응자 (Price Taker)
라고 한다.

상점에서 보통 매입 상품에 대해 일정 비율의 이익률을 부가하
여 가격을 결정하는 데, 이 상품 판매 가격은 매입가격에 부가
가치를 붙여 이익을 발생시키는 것이다.
부가가치가 부여된 상품에서 나오는 판매 이익의 합계가 사업
체에서 발생하는 모든 비용을 감당할 만한 것이어야 하며 이를
이익액이라 한다.
그런데 단순하게 상품 매입 가격에 이익을 가산하여 상품 가격
을 만들어내는 것은 정말 어리석은 일 일수도 있다. 수많은 상
품이 있고 그 상품은 시장에서 공급량과 수요량에 따라 가격이
제 각각이다.
그러니 합리적 사고 없이 일률적인 비율로 상품에 부가가치 이
익을 가산하는 것은 문제가 있다. 이는 필요로 하는 소요비용
은 실제 판매를 통해 얻어지는 것이지, 장부상 매입금액에 이익

　　　　　　　　　　　　비즈니스 바이블

률을 적용해 계산된 이익이 아니라는 것이다.

결국 회사 전체의 소요 비용을 계산하고 그 비용을 상쇄할 이익률을 계산해야 하는 데, 이렇게 하기 위해서는 상품을 기획하고 판매 확률을 파악하여 그에 따른 회수 가능한 기대 값을 계산하여야 합리적 이익률을 결정하게 되는 것이다.

1. 정률법을 이용한 판매가 결정하기

$Y = a(1+X)$ (Y: 가격, a: 매입가격(상수), X: 이익률)

정률법	0%	5%	10%	15%	20%	25%	30%	35%	40%	45%
판매가	1000	1050	1100	1150	1200	1250	1300	1350	1400	1450
매입가	1000	1000	1000	1000	1000	1000	1000	1000	1000	1000

위의 표는 상품을 1,000 원에 매입하고 그 이익을 30%로 가산하여 판매가격을 1,300 원에 판다는 것을 의미한다. 이는 단순하게 상품에 부가가치를 더해 판매하는 방식이다.

2. 이익률 법을 이용한 판매가격

이익률= 1-매입가/판매가 = (판매가-매입가) /판매가

이익률법	29%	33%	38%	41%	44%	47%	50%	52%	55%	57%
판매가	1400	1500	1600	1700	1800	1900	2000	2100	2200	2300
매입가	1000	1000	1000	1000	1000	1000	1000	1000	1000	1000

이 방법은 이익률을 먼저 설정하고 그 매입가에 대해 목표 이익

을 달성하는 판매가를 설정하는 방법이다. 매입 단가 1,000에 목표 수익률 50% 달성을 하는 가격이 2,000이다.

여기서 정률법과 이익률법을 비교해 보자.

정률법	0%	5%	10%	15%	20%	25%	30%	35%	40%	45%
판매가	1000	1050	1100	1150	1200	1250	1300	1350	1400	1450
매입가	1000	1000	1000	1000	1000	1000	1000	1000	1000	1000
이익률법	0%	5%	9%	13%	17%	20%	23%	26%	29%	31%

위 표는 정률법으로 계산된 가격으로 판매가 결정되었다고 할 때 이익률법으로 계산하면 어떤 이익률로 계산되어지는 가를 보여주는 표이다.

이 표를 보여주는 이유는 위의 정률법이 가지고 있는 모순을 보여주려고 하는 것이다.

위에서 설명한 각각의 상품 판매가를 결정하는 방법을 예시를 통해 알아보자.

1) 정률법의 예시

정률법에서 정해진 기간내에 매입한 모든 상품이 100% 모두 팔릴 수가 없다. 그래서 단순하게 매입가에 일정 비율의 이익률을 곱해서 계산하면 실제적 모순이 발생한다.

따라서 한 상자에 담겨 있는 개수 중 팔릴 확률을 추정해야 한다. 이렇게 해서 예상 매출을 기대 값 계산을 통해 매출을 추정해야 한다. 그러면 이익률을 계산할 수가 있다.

여기에서의 모순은 사업 초기에는 이 확률을 계산할 수가 없다는 것이다. 따라서 이 판매 자료를 축적하면 일정 기간에 팔릴 판매 확률을 계산해 낼 수 있다.

A. 판매 확률 추정

추정 판매 확률을 이용한 정액 판매 실 수익률 추정

상품	상자당가격	수량	단가	이익률	판매확률	기대값(수량)	판매액	기대이익	
A	1,000.00	10	100.00	30%	0.9	9	1,170.00	270.00	
B	1,000.00	12	83.33	30%	0.8	10	1,083.33	250.00	
C	1,600.00	10	160.00	30%	0.7	7	1,456.00	336.00	
D	2,400.00	6	400.00	30%	0.6	4	2,080.00	480.00	
E	200.00	24	8.33	30%	0.7	17	184.17	42.50	
F	3,000.00	6	500.00	30%	0.4	2	1,300.00	300.00	
총매입액	9,200.00						7,273.50	1,678.50	18%

위에서 보는 바와 같이 이익률을 30%로 하고 판매가를 정했을 때 판매 확률에 대해 예상 판매 총액은 매입 총액 대비 18%의 수익률이 가능할 것으로 예상된다.

따라서 이렇게 판매 확률을 추정하여 판매가를 정하는 방법은 필요한 비용을 감당하는 이익액을 만들어 내기에 어려움이 따른다는 것이다.

B. 실 판매

정률법으로 부가가치를 부여한 후 실제 판매 수익률

상품	상자당가격	수량	단가	이익률	판매가격	판매수량	판매액	판매이익	
A	1,000.00	10	100.00	30%	130.00	8	1,040.00	240.00	
B	1,000.00	12	83.33	30%	108.00	10	1,080.00	246.67	
C	1,600.00	10	160.00	30%	208.00	6	1,248.00	288.00	
D	2,400.00	6	400.00	30%	520.00	4	2,080.00	480.00	
E	200.00	24	8.33	30%	10.83	19	205.83	47.50	
F	3,000.00	6	500.00	30%	650.00	2	1,300.00	300.00	
총매입액	9,200.00						6,953.83	1,602.17	17%

 위의 표는 전표 보다 더 결과가 나쁘게 나올 수도 있다는 것을
보여주는 것이다.

판매 추정 확률을 만들고 기대 값을 계산해서 만들어진 매출은
실제 판매 매출과 차이가 발생한다.

이 방법은 고객의 반응이 예상과 다르다면 그 판매 가격을 수정
해야 하는 것을 의미한다.

하지만 여기서 그 가격을 올릴지 내릴지는 아주 민감한 문제이다.

왜냐하면 가격을 올리는 경우 판매 속도가 저하해 판매량이 더
적어지고 기존의 매출이 보다 적어지는 경우도 생기게 된다. 그
리고 만일 가격을 내리는 경우 판매속도가 빨라져서 오히려 판
매량이 증가하고 매출이익이 더 증가할 수도 있다.

2) 이익률법의 예시
일단 가격이 결정되는 과정을 어떻게 거치는 지를 알아보자

판매 수익률을 맞추기 위한 판매가 추정 방법

상품	상자당가격	수량	단가	판매가격	이익률	판매수량	판매액	판매이익
A	1,000.00	10	100.00	110	9%	8	880.00	80.00
	1,000.00	10	100.00	120	17%	8	960.00	160.00
	1,000.00	10	100.00	130	23%	8	1,040.00	240.00
	1,000.00	10	100.00	140	29%	8	1,120.00	320.00
	1,000.00	10	100.00	150	33%	8	1,200.00	400.00
	1,000.00	10	100.00	160	38%	8	1,280.00	480.00

위의 표는 A라는 제품을 33%의 이익률법으로 가격을 정하는 과정을 보여주는 것이다. 가격을 공식에 넣어 계산을 하고 점차 33%에 맞는 가격을 찾아가는 방식이다. 이는 내부적으로 목표 이익률이 정해진 상태에서 가격을 만드는 것이다.

이익률법으로 추정한 판매 수익과 수익률

상품	상자당가격	수량	단가	판매가격	이익률	판매수량	판매액	판매이익	
A	1,000.00	10	100.00	150	33%	8	1,200.00	400.00	
B	1,000.00	12	83.33	125	33%	10	1,250.00	416.67	
C	1,600.00	10	160.00	240	33%	6	1,440.00	480.00	
D	2,400.00	6	400.00	600	33%	4	2,400.00	800.00	
E	200.00	24	8.33	12.5	33%	19	237.50	79.17	
F	3,000.00	6	500.00	750	33%	2	1,500.00	500.00	
총매입액	9,200.00						8,027.50	2,675.83	29%

위의 표를 보면 이익률법으로 33%가 달성되도록 설정되어져 있다. 하지만 정률법으로 계산하면 매입 총액 대비 29%의 이익률이 실행되어졌다.

통상적으로 소매점의 상품 판매가는 도매상에서 정해준 표준 판매가를 따른다. 하지만 만일 모든 소매점이 이 가격을 따른다면 각기 사정에 따라 비용을 감당 못할 수도 있다. 그래서 그 가격을 기준으로 사정에 따라 가격을 조절하면 된다.

가격 결정 방법- 여러 부서, 여러 점포

가격 결정 방법에서 가격을 결정하는 방법에 대해 설명하였다. 이러한 방법은 일반적으로 상품에 적용해 사용하는 데는 무리가 없다.

하지만 이 방법은 단일 상점에 한 부서만 있는 경우 적용하기에 적합하다.

단일 점포라도 여러 부서를 가지고 있거나, 단일 기업에 여러 점포를 가지고 있는 경우 재무적으로 서로 비용을 분담해야 할 경우는 비용 발생에 따라 이익률이 다르게 적용해야 한다.

1. 단일 상점 여러 부서의 경우

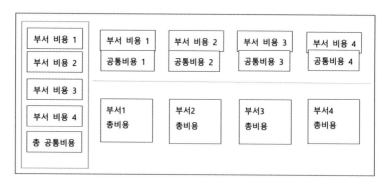

부서별로 판매되는 상품이 다르며 시장 동향도 다르다.

따라서 부서에서 발생하는 비용과 <u>판매 비중 또는 점유면적 비</u>

율로 나눈 공통 비용을 합산해서 부서별 총 비용을 만든다. 후에 이 부서별 총 비용을 다 감당할 정도 이상의 부서별 이익률을 도출해서 부서별 이익액을 만들어야 한다.

가격을 결정하는 과정을 알아보자.
먼저 이 부서의 비용과 공통 비용을 계산한 총 비용을 계산한다. 그리고 부서에서 판매하고 있는 상품의 총 구입량에 대해 총 판매량을 계산하여 발생 이익을 계산한다. 이렇게 만들어진 부서의 이익이 총 비용을 상쇄하는 지를 판단한다.
이렇게 만들어진 이익률을 각 상품에 적용하여 실제적 판매실적을 대응해서 만들어지는 이익을 도출하고 이 비용과 실제 비용을 비교하여 수정해 가야 한다.
이때 동일 상품에 대해 시중 가격과 비교하여 가격의 상승과 하락을 결정하여 이익을 극대화한다.

2. 다 점포 다 부서의 가격 결정 방법

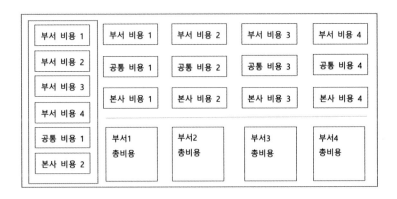

여러 점포를 가진 체인점인 경우 그 본사에서 발생하는 비용을 자체적으로 해결하기 어렵다. 따라서 본사에서 각 점포에 지원하면서 발생하는 모든 비용을 각 점포로부터 지원을 받아야 한다. 그러기 위해서는 합리적 방법으로 그 비용을 분산하여야 하는 데 그 기준은 매출 기준 또는 점포의 점유면적으로 한다. 혹 다른 합리적 방법이 있다면 다른 방법을 선택할 수도 있다.

상점 전체에 부과되는 공통 비용과 점포에서 발생하는 본사 비용을 기준 된 방법으로 나누어 그 합을 만들고 부서에서 발생하는 비용과 합해 총 비용을 집계한다.

그리고 실제 매입 비용과 실제 매출 비용을 이용해 이익률을 축출한다. 이 비용이 부서에 할당된 점포의 부담 비용을 상쇄하는 지를 비교한다. 만일 상쇄하고 다시 목표 이익을 만들어 내는 이익을 만들기 위해 부서 이익률을 조정한다.
이를 다시 부서 카테고리 별로 다시 분산하여 이익률을 추출하고 목표 이익률을 달성하기 위해 카테고리별 이익률을 조절한다.

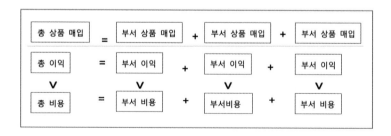

신선 식품의 시장 주문 만드는 방법

모든 상품의 관리를 위해 재고장을 만들어야 한다.

이는 모든 사업의 기본이다.

매일 상품이 팔리고 그 팔리는 상품의 재고를 파악해야 소비자의 구매 욕구를 따라갈 수 있다.

이 재고장에 기록되는 것은 지금 보유중인 재고량이다.

이 자료와 다른 자료를 기반으로 많은 정보들을 파악할 수 있다.

이때 매출수량은 부서별 판매 보고서에서 추출할 수 있다.

이는 매일 매시간 일어나는 고객의 구매에 의해 일어나는 일련의 사건을 기록한 것이다.

이 기록은 상품의 분류기호, 상품명, 단가, 판매 수량, 이외의 정보가 기재 되어있다.

매입수량과 제품 단가는 구매부의 구매 자료를 받을 수가 있거나 보통 도매상이나 시장에서 오는 납품서에 기록되어져 있다. 하지만 통상적으로 컴퓨터로 생산되어 자동으로 넘어오는 구매부 자료가 전자적으로 처리하기 쉽다. 수동으로 들어오는 경우는 매입처에서 수동 기재해야 한다.

이때 시장 구매시 검수원이 확인한 제품의 품질 등급과 점포의 검수원이 검사한 품질 등급을 기록해야 한다. 이는 구매팀의 활동 평가에 영향을 미치는 항목이다.

그리고 매주 일정한 기간을 두고 재고량 파악을 해야 한다.
이 재고 조사는 한주가 지난 주말이나 주초에 일정한 날을 지정해서 하는 것이 좋다.
이 재고량을 일정한 주간 간격으로 재고 조사수량을 기록해야 한다.
이를 통해 안전재고와의 차이를 계산하여 초과 보유량이면 그 이유를 파악해야 한다.

위의 매출수량, 매입수량, 재고량을 기반으로 폐기량을 산출해야 한다.
폐기량을 산출하는 방법은 우선 이론적 판매수량을 계산한다.
이론적 판매수량= (전주 재고량+매입수량- 실 재고량) 이다.

이때 판매 실적과 비교해 차이가 폐기량으로 계산되는 것이다.
폐기량 또는 손실량=이론적 판매수량-실 판매수량

이 폐기량을 주간별로 기록하고 매입량 대비 평균 폐기량을 계산한다.
이때 상품회사명 그리고 제품명, 제품의 산지, 구매 담당자를 기록해 구매 성향 또는 구매 실적 분석을 통해 실적 평가를 할 수가 있어 책임의 소재를 분명히 할 수가 있다.

이 재고장을 만들어 정보를 추출하는 이유는 적정 매입수량과 최소 폐기량을 만들기 위해서 하는 활동이다. 결국 최소 비용을 실현하기 위한 방법이다.

주간 주문량 산출은 재고 파악으로 조사된 주간 평균 판매량, 안전 재고량의 합계에서 현재 재고량을 빼면 주문량이 된다. 이때 구매 상품의 품질과 가격 그리고 세일 프로그램을 감안하여 가감을 해야 한다.

상품에 대해 폐기량을 줄이는 것은 비용 통제를 위해 매우 중요하다.

이 폐기량을 줄이기 위한 방법은 재고 정보를 통해 적정 주문을 해야 한다. 이때 상품에 대한 품질정보가 가장 중요하다. 제품의 품질 정보는 그 품질 수준에 따라 판매기간이 달라진다.

신선 식품은 상품이 상질의 품질일 경우 판매 기간이 길어진다. 그 의미는 판매 선반에 오래 전시할 수가 있어 판매 확률이 높아진다는 것을 의미한다.

또한 폐기량을 줄이기 위해서는 품질 변동에 따른 판매가격의 조절로 판매 속도를 조절해야 한다. 그렇게 해서 주간 재고조사 시점에서 안전 재고 이하로 내려 가도록 판매 조절해야 한다. 이렇게 상품의 순환이 빨라, 품질을 신선하게 유지할 수 있는 것이다. 이로 인해 새로 신선한 상품이 들어오고 다시 상품의 순환이 빠르게 되어 고객들이 점포를 신뢰하게 되는 것이다. 이런 순환이 잘 이루어지면 **홀라이 휠 전략**으로 자동으로 고객이 모이고 사업이 정착하게 되는 것이다. 결국 사업은 인간이 하는 것이 아니다. 시스템을 잘 만들고 그 시스템의 각 요소들이 자동으로 작동하도록 하는 것이다. 곧 사업은 시스템이 하는 것이고 시스템인 것이다.

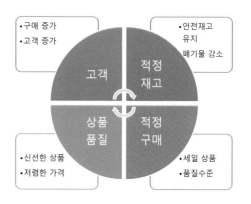

재고 관리에서 통제 항목이 금액이 아닌 수량임을 알아야 한다. 부서 수준에서는 금액적인 통제 보다는 제품의 수량 통제를 통해 궁극적인 매출 상승과 이익 극대화를 실현해야 하는 것이다. 이는 매출 상승을 위해 소비자의 수를 유지하고 증가시켜야 하는 데 이를 위해 때론 과감하게 품질이 나쁜 상품을 폐기해야 한다. 따라서 민감하게 비용 통제를 하면 이 관점에서 쉽게 품질이 나쁜 상품을 폐기하기 어렵거나 상품가격을 인하하기 어려워진다.

그렇게 되면 1개를 더 팔아 매출에 도움이 되기 보다는 품질 저하로 인한 소비자의 관심이 멀어져 폐기 확률이 높아져 폐기로 인한 비용이 더 발생하고 고객에게 품질적 신뢰를 잃어 재 방문 기회를 잃게 되어 고객이 줄고 결국 경영 성과에 나쁜 결과를 초래하게 된다. 결국 이런 조치들이 늦어 지거나 빨라지면 손실이 발생한다.

그래서 관리자에게 폐기에 관한 자율권을 부여해야 한다. 그러나 폐기량은 항상 기록되어져야 한다.

구매에 영향을 미치는 요소들

고객이 상품을 구매하는 데 있어 어떤 요소들이 영향을 미치게 될까?

사업주 입장에서는 고려를 안 할 수 없는 요소들이다.

첫째, 성별이 영향을 미친다.
거의 여성이 구매 주체이다.
이는 누군가 가족을 위해 음식을 준비해야 하는 데 그 주체가 거의 여성이다.
그래서 여성은 장기간 보관이 가능하고, 맛이 좋으며, 많은 것을 값싸게 사려는 경향을 가진다. 남성도 위의 성향을 가지지만 좀 다른 점은 계절이 바뀌거나 새로운 제품이 나오는 경우 여성 보다 더 흥미를 가진다는 것이다. 이런 관점은 개인적으로 고객을 관찰한 결과이다.

둘째, 신체의 발달 과정에 따른 제품의 선택이 달라진다.
유아나 아장이에게 인공적인 맛을 제공하지 않는 편이다. 그들은 여전히 모유나 우유에 의존하고 있어 다른 맛의 식품을 제공하기에 적합하지 않다. 따라서 곡물 또는 과일을 흡수하기 좋게 만든 음료나 갈거나 하여 목 넘김이 쉽도록 제공한다.

어린이의 경우는 아직 장기가 발달하지 않아 음식의 소화 능력이 원만하지 않다. 그들의 활동 영역이 늘어나고 유아나 아장이 보다 더 많은 에너지가 필요하나 그들의 음식 흡수 능력은 액체인 우유에서 고체인 식품을 섭취하기 위해 변화하는 과정에 있어 그리 높지 않는 소화력을 가지고 있다. 따라서 그들은 본능적으로 에너지의 발생이 직접적인 단맛의 음식을 선호하게 된다.

청소년은 장기 발달이 되어 음식 섭취는 원만하게 되었으나 장 내의 박테리아 조절이 아직 미숙하여 가끔 장의 탈이 많이 나는 편이다. 그래서 그들은 의식적으로 산을 포함한 신 맛의 음식을 선호하게 된다.

청년과 장년은 이제 장기가 완벽하게 작동을 한다. 그래서 그들은 자신들에게 필요한 열량을 보다 많이 확보하기를 원한다. 이들의 활동 영역과 사고 영역은 넓어지고 보다 많은 칼로리의 에너지를 소비한다. 이들은 사회의 주체로서 많은 부를 가지고 있다. 그래서 그들의 몸은 의식적으로 많은 양의 에너지를 얻기 위해 자신이 가지고 있는 부를 투자한다.

결국 그들은 순수 탄수화물이나 순수 단백질 보다 많은 열량을 내는 지방을 선택하게 되고 또 지방과 더불어 열량이 제일 높은 쓴맛의 알콜 섭취가 늘어나게 되는 것이다.

하지만 지방을 포함한 단백질 덩어리인 고기를 선택하는 이유는 탄수화물 보다 지방이 칼로리를 많이 생산하기도 하고 탄수화물은 과다 섭취하는 경우 당 생산이 과다하여 운동 부족으로 칼로리 소모가 적을 경우 신체에 악 영향을 미치기도 한다. 또한 단백질과 지방을 많이 함유한 고기류의 소비가 늘어나는 또 다른 이유는 현대에 들어 평균 신체가 더 커져서 몸 유지를 위해 더 소비하게 되는 것이다. 쓴 맛의 알코올은 현대 사회가 만들어내는 스트레스를 사회 주역인 청장년이 제일 많이 받아 스트레스 해소와 열량 확보라는 2가지 요소로 인해 섭취하게 된다. 또한 알코올 섭취 시 안주로 먹는 넛(Nuts) 또는 말린 소고기류가 있는 데 넛은 씹는 순간에 부서지는 소리가 스트레스를 해소시킨다는 이론도 존재한다. 따라서 사무실이 많이 존재하는 지역의 상점은 넛에 대한 관리를 해야 한다.

노년의 경우는 장기의 소화 능력이 저하되어 매우 딱딱하거나 소화에 장애를 일으키는 제품을 선호하지 않는다. 그래서 소화가 잘 되는 갈아서 만든 감자(메시 포테이토)가 잘 팔리며, 많은 시간을 들여 조리하는 과정을 피하고자 한다.

따라서 조리를 간편하게 할 수 있는 가공식품 또한 반 조리나 이미 조리된 음식을 구매하기도 한다.

셋째, 이동 경로가 판매에 영향을 미친다.

고객의 이동 경로는 매우 중요하다. 고객의 구매는 그들이 어떤 물건을 보았을 때 그들이 추구하는 구매 요건에 충족되면 관심을 가진다. 만일 여성이 많이 지나다니는 통로에 아주 크고 신선하며 가격이 저렴한 상품을 전시하면 모두가 관심을 가진다. 그리고 그들 중에 많은 사람들이 흥미를 넘어 구매 결정을 한다. 따라서 고객들이 어떻게 어떤 통로로 몇 명이 이동하는가하는 것은 판매에 매우 중요한 영향을 미친다. 이런 고객의 이동경로를 분석하는 것이 매우 중요하다.

사전에 고객들의 동선 계획을 통해 미리 이동경로와 고객 유도 전략을 쓰면 보다 좋은 결과를 얻을 수가 있다.

넷째, 제품의 포장 방식의 변경

만일 어떤 물건을 판매 촉진하는 경우 그들이 원하는 만큼의 단위로 쪼개 판매하는 경우 판매가 잘 되는 경우도 있다.

예를 들면 한상자에 상자당 24개가 담긴 원가 2,000 원인 익은 바나나가 50상자 있다고 하자. 이것의 보관 기일은 4일을 넘지 못한다. 만일 그 기간을 넘으면 무르익어서 버리게 되는 상황이다.

이것을 처분하기 위해 상자당 4,000원에 팔기로 결정하였지만 판매가 원활하지 않았다.

분석 결과 현재 상태 잘 익어 맛은 좋으나 한 사람이 상자당 24개의 바나나를 2~3일내에 소비하는 것은 무리라고 판단되었다. 그래서 손님들이 반이나 몇 개만 사 가겠다고 요구하였다. 이때 소량 포장을 결정하고 4개씩 포장하여 1,000원에 팔기로 했다. 결국 한 상자당 6개의 포장으로 6,000원의 매출이 기대되었다. 모두 전량 판매하였다.

이 소 포장 전략이 성공한 이유는 소비자의 기대에 부흥해야 한다는 것과 기존에 팔리고 있던 제품 보다 크기가 크고 가격이 보다 저렴했다는 것이다. 그래서 그들은 하루에 소비하기에 충분한 4개인 소포장을 선호하게 되고 판매 속도가 빨라진 것이다.

다섯째, 문화적 습관에 따른다.

단일 국가 민족인 경우 구매 욕구가 동일해 상품 전시가 단순해진다. 하지만 다 민족 다 인종의 경우 고객의 비율에 따라 전시 비율이 달라지고 최적화되어야 한다. 물론 이론적으로 이를 단순하게 구성하기란 매우 곤란하다. 권역에 따라 지역에 따라 거주인구가 다르고 소득수준이 다르다. 따라서 계속 실험적 실행으로 결과를 도출해야 한다.

여섯째, 엘레지 원에 따라서 상품 구성이 달라진다.

다 민족 고객의 경우 일정 식품에 엘레지 반응이 일어난다.

예를 들어 밀가루의 경우 인종에 따라 다르지만 백인의 경우 7% 정도 밀가루 음식을 섭취하면 몸이 붓는 글루틴 반응을 가지고 있다. 미국 인구 3억3천명을 가정할 때 2천3백만명이 그 엘레지 반응을 가지고 있는 것이다. 미국인구 중 한 가정 4명이라고 가정하면 미국가정이 8천2백만이고, 만일 1명씩 글루틴 엘레지을 가지고 있다고 가정하면 최대 5백77만 가정이다. 만일 이 한 명을 위해 반 글루틴 엘레지 식단을 먹여야 한다면 미국에 반 글루틴 고객은 9천2백만명 정도의 고객이 있는 것이다. 또한 우유의 이상 반응인 락테이드 현상도 존재한다. 이는 우유를 섭취하는 경우 소화효소의 이상 반응으로 소화가 안되어지는 현상으로 상당한 인구가 이에 속한다.

또한 넛, 특히 땅콩에 엘레지 이상 반응을 일으키기도 하고, 설파제와 같은 음식 첨가 화학 약품에 이상 반응 현상을 일으키기도 한다.

일곱째, 서민 또는 유아 산모 음식물 정부 지원에 따른 구매

미국에서는 지역 정부 또는 지역 자치 단체에 따라 서민(Food Stamp)또는 산모, 유아, 아동(WIC)의 건강을 위한 음식물 무상 지원 프로그램을 가지고 있다. 이 프로그램으로 모든 품목들을 살수 있는 것이 아니고 일부 제한적이다. 이 품목들은 일반 식품 중 지정한 것이다. 이 매출이 상당 부분 차지하므로 그들을 위한 구매 품목이 빠지지 않게 항상 준비되어져 있어야 한다.

품질, 가격 그리고 판매 속도

판매 전략에 있어 가격은 매우 중요한 역할을 한다.
이는 가격변화에 따라 판매량이 변화하는 속도가 달라지기 때문이다.
하지만 가격은 품질에 따라 달라질 수가 있다.

가격의 결정은 수요와 공급의 법칙에 따른다. 아주 기초적인 경제 법칙이다.
하지만 이 경제 정책도 품질이라는 요소가 들어가면 달라진다.

예로 날씨의 영향으로 딸기의 공급량이 급격하게 줄었다고 생각하자.
그러면 출하량이 줄어 도매상에 딸기의 공급량이 적어지고 딸기의 가격은 올라간다.
딸기 값이 올라가면 상점은 판매 부진이 예상되어 적은 수의 딸기를 시장으로부터 매입한다. 판매 상점이 고 가격으로 판매가를 정하게 되고, 소비자는 딸기의 구매수량을 줄인다. 그러면 많은 딸기를 보유한 상점은 그 가격을 고수하는 경우 고객이 그 가격을 동의하지 않아 다 팔리지 않고 버리게 된다. 결국 공급량이 줄어 가격이 오르면 수요량이 줄어든다.

이 경우를 다시 한번 살펴보자.

날씨의 영향으로 출하량이 줄어드는 경우 상품의 품질이 정상보다 낮아진다. 그리고 출하량이 줄어 들어 가격이 오른다. 그러면 그 제품은 낮은 품질에 고 가격을 유지하게 된다. 이때 관리를 잘해야 한다.

만일 판매 속도가 나지 않는 데도 계속 높은 가격을 유지한다면 결국 손해를 보게 된다.

이러한 것을 방지하기 위해 가격에 대한 판매 탄력성을 계산해서 자료를 축적해야 한다.

또 다른 예를 들어 날씨가 좋아 딸기의 공급량이 급격하게 느는 경우가 있다.

이때 제품의 품질이 매우 우수하며 가격이 평균 가격 보다 내려간다.

이 경우 상점에서의 구입량이 늘어나고 낮은 가격으로 판매한다. 이때 기존 이익률을 부가한 가격 보다 조금 높은 가격이라도 소비자는 품질을 만족하기 때문에 불만 없이 구매하게 된다는 것이다. 이때도 고려 사항이 보유 수량이다. 상품의 품질이 급격하게 저하되거나 보유 수량이 너무 많아 판매 기일을 초과하는 품질의 경우 이 방법은 안된다.

날씨	공급량	도매상	소매상	가격	소비자
나쁨	적음	가격오름	소량구매	가격오름	적게 구매
보통	보통	가격 평균	적정구매	평균가격	평균수 구매
좋음	많음	가격내림	대량구매	평균가격 이하	다수구매

공식은 **가격 탄력성 = 절대값(수요의 변화율/가격의 변화율)**

$$\varepsilon = -\frac{\text{수요량의 변화율}}{\text{가격 변화율}} = -\frac{(\Delta Q / Q) \times 100}{(\Delta P / P) \times 100}$$

(Q1,S2 판매, Q1 P2 가격)

경제학에서 **탄력성**(彈力性, elasticity)이란 한 변수가 다른 변수에 의해 변동되는 정도를 뜻한다.

즉 수요의 **가격탄력성**(price elasticity of demand)이란 가격 변화 1%에 대응하여 변화되는 수요량 변화 %를 의미한다.

예를 들어, 가격 탄력성(價格彈力性, price elasticity)은 가격의 변화에 따른 수요나 공급의 변화량을 뜻한다. 수요의 가격탄력성은 보통 음(-)의 값을, 공급의 가격 탄력성은 보통 양(+)의 값을 갖지만 부호와 상관없이 절댓값이 의미가 있다.

그 값이 0인 경우는 **완전 비탄력적**, 값이 0보다 크고 1보다 작을 경우 **비탄력적**, 값이 1일 경우 **단위탄력적**, 값이 1보다 클 경우 **탄력적**, 무한대인 경우는 **완전탄력적**이라고 한다.

가격의 탄력성이 클수록 수요곡선 또는 공급곡선의 기울기의 절댓값이 작아진다.

비 탄력적인 경우 곡선은 수직에 가까워지며, 탄력적인 경우 곡선은 수평에 가까워진다.

참조:(https://ko.wikipedia.org/wiki/탄력성)

딸기를 예로 들어보자

딸기의 가격이 1000원에서 1200원으로 상승하였고, 가격이 상승함으로 인하여 수요량이 1000개에서 900개로 줄어들었다. 이때 딸기 가격의 변화는 200원이고 딸기 수요량의 변화는 100개이다.

이제 수요의 가격탄력성을 구해보자.

1200원일 때 수요의 가격탄력성:

수량의 변화율: (1000-900)/900x100 =11.11

단가의 변화율:(1000-1200)/1200x100 =16.67

가격 탄력성: 11.11/16.67 = **0.667**

1000원일 때 수요의 가격탄력성:

수량의 변화율: (900-1000)/1000x100 =10

단가의 변화율:(1200-1000)/1000x100 = 20

가격 탄력성: 10/20 = 0.5

이렇게 탄력성이 2개가 존재하면 탄력성의 중간값을 계산해야 한다.

평균 값은 (0.5+0.667)/2 = 0.5835 이다.

위의 예시에서 탄력도 0.5 와 0.667은 어떤 의미를 가질 까?

이때 0.667>0.5 보다 큰 것의 의미는 가격이 내려가면 민감하게 판매량이 작동한다는 것을 의미한다. 반대로 가격이 오르면 민감도가 줄어든다는 것을 의미하는 것이다. 위의 예시는 상대 비교를 나타낸 것이다.

위의 경우 검토할 사항은 가격이 오른 조건이 같은 이익률로 단가가 이루어졌다고 가정하고 계산해 보면 이익률이 차이가 난다는 것을 알 수 있다.

단가	매입가	이익률 30%	판매량	총이익액
1,000	700	300	1,000	300,000
1,200	923	277	900	249,239

이렇게 단가가 오르는 것이 총이익금을 만들어 내는 것과 관련 긍정적이지 만은 않다.

탄력도가 0인 완전 비탄력성 그래프

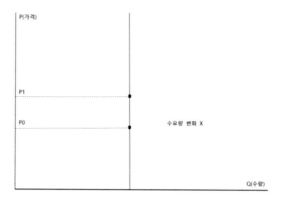

탄력도가 1인 완전탄력성 그래프

탄력성은 그 값에 따라 다르게 분류되는데, 명칭과 그 기준은 아래와 같다.

$E=\infty$ (무한대)	$E>1$	$E=1$	$E<1$	$E=0$
완전탄력적 (PERFECTLY LASTIC):	탄력적 (ELASTIC)	단위탄력적 (UNITARY ELASTIC)	비탄력적 (INELASTIC)	완전비탄력적 (PERFECTLY INELASTIC):
수요곡선이 수평선이다.				수요곡선이 수직선이다

수요의 가격탄력성이 상대적으로 작으면 필수재, 상대적으로 크면 사치재라고 부른다.

필수재는 가격에 변화에 관계없이 사람이 살아가는데 필수적으로 필요한 재화들이라 가격의 변화에 덜 민감하고(탄력성이 작다), 사치재는 꼭 필요한 것은 아니지만 경제적 여유가 있을 때에 구입을 고려하는 재화들이라 가격의 변화에 따라 수요가 민감하게 변한다(탄력성이 크다).

품질, 가격 그리고 상품 판매 회전율

전장에서 우리는 상품의 품질과 가격 그리고 탄력성에 따른 판매 속도를 알아보았다.

이는 재고관리를 하는 입장에서 보유 수량을 조절한다는 관점에서 유용한 수단이다.

이는 비용 측면에서 상품의 재고량을 최소화해 비용을 감소시킨다는 관점이었다. 그리고 소비 탄력성의 최대 단점인 지속적인 추적을 통해 탄력성을 알아내고 계산되어져야 한다는 것이다. 이러한 단점을 보완하기 위한 방법으로 상품 회전율을 이용하면 보다 쉽게 접근할 수가 있다.

이 장에서는 재무적 측면에서 우리가 상품의 품질과 가격 그리고 상품 판매 회전율에 관해 알아보자.

이는 상품의 회전율 증대를 통해 판매 극대화를 하는 방법에 관해 논하는 것이다.

이는 단기간에 얼마나 빨리 판매하느냐가 아니라 얼마나 많이 파느냐 하는 것에 관점을 갖는 것이다. 이 회전율 증대를 관리하는 이유는 장기적으로 매출을 증대하고 총 이익액을 증가시키는 방법이다.

상점이나 기업에서 통상 매출과 관련한 이익을 산출하는 과정 중에서 이익률을 이용하여 통제하려는 경향을 가지고 있다. 그래서 판매 상품 원가에 부가가치를 더한 가격으로 판매하고 그 총액에서 상품원가를 공제하여 이익액을 계산한 다음 그 이익액을 판매가로 나누어 판매 이익률을 계산한다.

하지만 이런 방법은 관리목표가 이익률 퍼센트에 있기에 목표액 도달 실패라는 오류를 가지게 한다. 이런 목표액 달성 실패라는 오류를 방지하기 위해 다른 방법이 필요하다.

예로 딸기를 판매하는 경우를 들어 보자.

상품명	원가	판매단가	판매수량 (박스)	총판매액	이익총액	이익률
딸기	2,500	5,000	100	500,000	250,000	50.0%
	2,500	4,750	134	636,500	301,500	47.4%
	2,500	4,500	150	675,000	300,000	44.4%
	2,500	4,000	200	800,000	300,000	37.5%

위의 테이블에서 보듯이 같은 물건에 대해 다른 판매 단가를 낮게 적용하면 판매수량이 많아진다. 이때 판매 총액도 늘어난다. 그리고 이익 총액도 변화한다. 특이한 점은 판매단가를 낮추면 판매수량이 늘어나고 판매 총액이 늘어나며 목표 이익에 도달하게 된다.

하지만 총액이 늘어도 이익률이 낮게 나온다.

결국 이익률에 달성 목표를 두면 이익총액 달성에 실패할 수도 있다는 것이다.

따라서 절대 비용을 초과하는 금액을 부가가치 합으로 달성해야 한다.

이렇게 단기적으로는 품질과 단가 그리고 탄력성을 적용하여 판매 속도를 늘려 폐기량이 작아 지도록 한다는 것과 장기적으로 품질과 단가 그리고 상품의 회전율이 빨리지도록 관리하는 것이다.

이 관리 목표는 이익률이 아니라 목표 달성 총 금액이다.

세일 아이템의 전시

통상 고객은 매장 안의 어느 곳에 상품이 전시되어 있는 지에 대해 숙지하고 있다.

그 개념을 쉽게 하기 위해 카테고리 별로 전시해서 구별을 잘 하도록 유도하는 것이다. 따라서 고객은 그 물건을 찾기 위해 일정한 통로를 따라 움직인다. 그 때 요소 요소에 유혹 상품을 전시해서 그들의 눈길을 끌어야 한다.

이 세일 상품은 이미 광고지에 실려 있어 고객이 그 광고지를 들고 있는 경우 무슨 아이템이 싼 가격으로 판매되고 있는 지를 알고 있다. 그리고 이 점포의 고객이면 어느 장소에 그 상품이 있는 지를 알거나 카테고리 분류를 알고 있다. 따라서 찾는 물건을 위해 자연스럽게 이동하게 되는 것이다.

하지만 많은 점포는 통상 세일이 시작되는 경우 이 세일 아이템을 고객이 들어오는 입구 전방에 전시하여 판매액을 극대화하려는 욕구가 강해진다. 하지만 이 세일 상품이 손님이 들어오는 입구에 모두 전시되어져 있으면 고객은 적정 이익이 발생하지 않는 싼 물건만 사고 다른 부서 상품을 사기 위해 이동할 확률이 높다. 결국 이동하는 경로가 짧아지면 고 부가가치 상품을 살 확률이 낮아진다.

세일 아이템이 집중판매가 이루어지는 경우 매출액이 늘어나지만 적정 매출비율 보다 매출 이익률이 작아 목표 이익 달성에 문제가 되기도 한다.

결국 세일 아이템은 손님을 점포 안으로 들어오도록 유인하기 위한 것이며 그것을 찾기 위해 이동하는 경로나 그 아이템의 주변에 있는 고부가가치 상품을 구매를 유도하기 위한 전략이다. 또한 그 상품의 구매로 인해 파생 상품의 구매를 유도하기 위한 전략인 것이다.

그러므로 세일 상품은 전방에 배치하기도 하고 원래 자리에도 배치를 해야 한다.

만일 원래 자리에서 빼서 다른 위치로 이동 배치하는 경우 손님이 혼선을 가질 수 있기 때문이다.

통상 손님은 물건을 찾는 방식은 개별적으로 그 상품의 위치를 알고 있거나 카테고리를 알고 있는 경우 카테고리를 찾아 먼저 이동한다. 그리고 그 카테고리 안에서 원하는 상품을 찾게 된다.

이는 고객의 인식 구조가 논리적으로 작동한다는 것이다.

띠리시 잘 정리된 카테고리는 판매에 많은 도움이 된다.

다른 방식은 한 카테고리의 상품이 같은 상표인 경우 그 상표를 중심으로 상품을 정리하는 경우 구별하기 쉬워 판매가 늘어나기도 한다.

하지만 상표가 다른 상품을 같은 카테고리의 물건을 같이 전시하는 경우 혼선이 생기거나 서로 구별하기 어려운 경우도 발생한다.

이런 상품은 주로 후추나 파프리카 가루와 같은 양념류(Spicy)의 같은 상표의 상품에 해당한다.

또 다른 전시 방법은 한 나라에서 생산되는 여러 종류의 제품들을 같은 선반에 구성하여 그 문화를 가진 사람들이 쉽게 접근할 수 있도록 하는 방법도 있다.

5장
직원

사업 소매업 생존성 상품 **직원**
소비자 분석 전략 품질 보고서

인적요소의 중요성

사업이란? 하나의 시스템을 만들고 성장시키는 과정이다.

여러 사업체들의 성공의 뒤에는 항상 인적 요인이 커다란 작용을 한다.

결국 사람들의 개인적 능력과 그 관계 속에서 힘이 커지는 것이다.

이 힘은 단순한 노동력이라는 물리적 힘만 아니라, 정신적 결합도 포함한 조직력이다.

그래서 사업의 진행 단계 별로 인적 요소들의 기능과 역할에 대해 자세히 알아야 한다.

사업의 시작 단계에서 창업자의 역할이 매우 중요하다.

정확한 시장의 규모와 성장 잠재성을 예측해야 하고 시스템의 초기 규모와 성장한 이후의 시스템 규모를 설계할 줄 알아야 한다. 그리고 단계별 목표를 잘 제시해야 한다.

지역적 소규모 사업체의 경우는 인구의 증감과 그들의 생활 패턴에 영향을 받는다.

그러니 주변 인구의 동향 연구에 관심을 가져야 한다.

또한 경쟁자의 증감에도 사업의 민감하게 작용한다. 경쟁자는 직접적 경쟁자와 간접적 경쟁자가 존재한다.

초기 사업이 진행되어 시스템이 갖추어지기 시작하면 업무를 분석 후, 업무를 할당하고 그 성과를 파악해야 한다.

이때 단순히 중요한 요소가 단순 지시에 의해 수행되는 업무가 아닌 책임감이 따르는 업무로 설계를 해야 한다. 만일 주어진 업무가 잘 수행되지 않으면 다른 업무에 지장이 발생할 수도 있다는 것을 인식시켜야 한다.

물론 중요한 요소에서는 단수 작업자가 아닌 복수 작업자가 업무를 수행하도록 하거나, 결원 시 다른 작업자를 투입해 업무의 흐름이 끊어지게 해서는 안된다.

업무의 분석 후 업무 설계에서 그 단계를 단순화하여 적은 노동력이 들어가도록 설계하고 반복 작업에 의해 숙련도가 늘어날 수 있도록 해야 한다. 너무 복잡한 과정을 한 사람이 수행한다면 능률 저하로 생산성이 저하된다.

이렇게 업무의 흐름이 잘 설계되어 성과가 나기 시작하고 판매량이 증가하여 생산량 증대 필요성이 대두되어 한 조직 만으로 안될 때는 또 다른 병렬 조직을 만들어 같은 작업을 수행하도록 한다. 이때 관리자가 두 조직 또는 더 많은 조직을 관리 감독하도록 해야 한다.

이때 중간 관리자의 역할은 조직의 흐름이 깨지지 않게 인적 요소를 통제하기도 하고 생산성 증대나 불량 감소를 위해 끊임없이 기능이 가능 해야 한다.

위의 설명이 너무 생산라인 위주의 설명 같이 들릴 지 모르지만 이런 과정은 서비스 직종에서도 같은 맥락의 시스템 적용이 가능하다.

한 조직을 만들고 그 조직 안에서 업무를 수행하고 관련된 장비나 매뉴얼을 작동시키는 것이 인적 조직이다. 따라서 인적 조직이 우수하면 조직이 단단해지고 외부 환경이 좋아지거나 맞아떨어지면 성장 가능성이 높아지게 되는 것이다.

하지만 조직에 적합한 인재를 투입해야 한다. 과도한 능력을 가진 사람이나 저 능력자를 고용 고용하는 경우 결국 다른 직장으로 이동하여 조직의 안정화를 기대할 수가 없다.

회사의 인적 조직과 임무

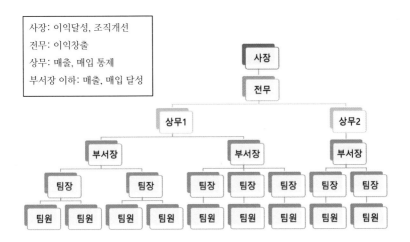

위의 조직의 표는 일반적인 업무형 조직의 예이다.

혹 업무형 조직을 지원하기 위한 조직이나 업무를 실시간적으로 파악하기 위한 경영분석 또는 회사 미래 발전을 염두에 둔 기획과 기술 연구소 같은 다른 형태의 조직을 가진 회사도 있다.

경영 조직은 언제나 확인과 균형(Check & Balance)의 기능을 통해 서로 견제와 힘의 경쟁관계를 유지해야 한다.

예로 상무1은 매출을 위한 조직을 관리하고 상무2는 매입을 위한 조직으로 나누어야 한다.

위 조직에서 상위의 계급을 가진 전무는 매출과 매입 목표 달성에 감독 책임을 동시에 가지도록 해야 한다.

이렇게 하면 상무1은 매출 극대화에 전력을 추구하고 상무2는 매입 최소화를 실현하기 위해 노력을 하게 된다. 하지만 만일 상무1이 너무 매출 목표 달성에 집착해 원가 이하의 판매를 시도할 경우 또는 상무2가 너무 매입 최소화 기준에 집착해 품질이 저하된 값싼 부품을 매입을 한다면, 위 직급인 전무가 이를 적극 개입하여 최고의 품질을 달성하도록 감시 감독해야 한다.

이렇게 조직적 견제와 경쟁 시스템을 유지하면 고객에게 최고의 상품을 제공하며 매출 극대화와 매입 최소화를 통해 궁극적 목표인 이익 극대화에 도달하게 된다.

결국 사장의 업무 성과 평가는 이익의 달성과 조직의 효율에 중점을 두게 되므로 자동적으로 목표를 달성할 수 있도록 조직이 변하게 된다. 이런 경향은 현재만 아니라 미래에 자동적으로 대응하는 조직으로 변화하므로 조직이 탄력성을 가지게 된다.

같은 지역 내 또는 다른 지역 간의 지점과 부서간 경쟁을 통해 목표 달성을 하고 성과에 대한 보상 제도를 가져야 한다. 그리고 주어지는 목표는 객관적이고 설득력 있게 설정되어져야 하고 그것에 대한 결과를 요구해야 한다.

이런 법칙은 역시 여러 다른 형태로도 나타낼 수 있다.

지역 점포	지역본부	본사
•매출통제	•매입통제	•이익통제

통상 회사가 지역 본부를 가지고 있는 경우 그 지역에 많은 점포를 운영하므로 그것을 관리하고자 한다. 그래서 지역의 점포는 매출에 집중하고, 많은 상품을 일시에 구매하는 경우 구매력(Buying Power)이 크게 되므로 구매 비용이 저렴 해져 지역 본부에서 구매를 하게 된다. 그리고 그것을 지역 점포에 배분하는 경우 더 효율적이다.

또한 다른 비용들도 지역본부에서 통제하게 되며 자금운용이 비탄력적이 되지만 불 필요한 비용을 소비할 확률이 낮아진다.

이렇게 하는 이유는 여러가지가 있다.

가장 중요한 것이 관리하는 요소들이 줄어들고 전문적이 된다는 것.

책임 소재가 확실하고 목표 달성이 쉽다는 것.

오직 목표에 집중할 수 있다는 것.

하지만 위에서 예시한 사항들이 모두 일률적으로 적용되는 것이 아니다.

기업이나 점포들이 가지는 특성이나 고객의 반응이 다를 수 있다.

따라서 유기적 조직을 만들어 가야 한다.

직급별 책임과 의무

통상적으로 회사라는 경영 조직은 일반직원, 대리, 과장, 부장, 상무, 전무, 사장 같은 직급을 가진다. 혹 다른 직급들이 존재하기도 하는 데 직원과 대리사이에 주임, 과장과 부장 사이에 차장이라는 지급이 있기도 하다.

그리고 한때 한국에는 경영 계급에 이사라는 직급이 존재했었다. 그리고 아직도 회장이라는 직급이 경영 조직에 존재한다. 하지만 이 이사나 회장은 경영조직 상 직급이 아니다.

법인 회사는 크게 2가지 조직으로 나누어져 있는 데 경영조직과 이사회조직으로 나누어져 있다. 그 이사회에 이사와 회장이라는 직책이 있다. 그것을 차용해서 경영 조직에서 사용해 왔던 것이다. 이제는 이사 직급은 사라지고 회장이라는 직급만이 경영 조직에 남아 있다. 결국 회장은 회사의 소유주라는 개념이 강하게 작동하기 때문에 경영 조직에 상존하는 것으로 생각한다.

이 이야기를 먼저 해 보자.
주식 회사는 두 가지 조직을 가진다.
하나는 경영 조직이고 하나는 이사회 조직이다.
경영 조직은 회사의 운영에 관한 일을 관장한다. 반면 이사회는 주주들의 회의체이다.
회사의 경영상 대표는 사장이고, 이사회의 대표는 회장이다. 이는 완전히 분리되어져 있다.
그런데 우리나라는 이상하게 이사회의 대표인 회장이 경영상 대표인 사장 보다 상위의 계급으로 생각한다. 물론 외국의 경우는 거의 회사 대표인 사장이 전문경영인이 많다.
간혹 가족회사인 경우 대표이사가 이사회의 대표인 회장인 경우도 있다.

이 이사회는 주주의 대표인 이사가 구성원이고 그 구성원 중에 이사회 회장으로 선출되는 것이다.
회사의 경영 조직의 경우는 일반 직원, 관리자, 임원, 대표로 크게 나누어 진다.
그들의 임무는 각기 정해져 있고 그들의 업무 수행의 성공 여부에 따라 회사의 실적과 운명이 달라진다. 통상 회사는 과거 현재 미래로 나누어져 활동을 한다.

각 부서는 그 조직안에 활동을 하는 도중에 과거 현재 미래의 역할을 묵시적으로 수행하고 있다.

통상 이런 분류로 부서로 분류해 보자.

과거형 부서: 회계부로 과거에 일어난 사건을 정리해서 보고하는 부서이다.

현재형 부서: 영업부 현재를 위해 매출을 만드는 부서이다.

미래형 부서: 기획부 미래를 위해 조직을 연구하고 기획하는 부서이다.

위의 각 부서에서도 과거와 현재 그리고 미래에 대한 계획들을 가지고 있다.

물론 그러한 일들을 보다 세분화해 부서를 만들기도 한다.

예를 들어 설명해 보자.

회계부는 비용 기록이나 결산을 하고 또 자금부서가 따로 있어, 자금 운영 관리자(Actuary) 같은 전문가가 현재의 자금 운영에 관해 관리하며 미래에 필요한 자금을 예상하고 준비하기도 한다.

이렇게 조직이 커지고 전문적 업무가 필요해지면 부서를 늘려간다.

이러한 조직 조정이나 업무 세분화를 해가는 부서가 기획부이다.

조직이 커지거나 변화가 생길 때 적절하게 대응을 못하면 미래에 심각한 문제에 봉착하게 된다.

이 기획부는 현재의 경영상태를 분석하기도 한다.

이때는 기획부라는 명칭보다 경영 기획실이라고 칭하기도 한다. 이 조직을 통해 거대한 조직의 경영 상태를 분석하는 일은 실시간으로 이루어 져야 한다. 여기서 기획부보다 경영기획실이라고 부르는 이유는 하나의 부서가 아닌 경영 조직 직속기구라고 보기 때문이다.

미국의 커다란 제빵 회사는 이러한 경영 분석을 제대로 못해 하루에 팔리는 빵의 수익금을 계산하지 못해 도산했다는 놀라운 이야기도 있다.

이러한 부서의 직원들은 어떤 직무와 책임을 가지고 일을 해야 할까?

통상 직원들의 단계는 다음과 같다.

사장, 임원, 부서장, 팀장, 팀원으로 구성되어져 있다.

통상적 그들의 임무는 사장은 현재의 회사의 방향을 결정하는 판단의 기능을 담당한다.

그리고 미래에 회사가 가야할 방향을 제시하는 사람이다. 결국 그는 회사의 미래를 위해 꿈을 꾸는 사람이다.

임원 중 상급 임원(Senior Executive)은 회사의 살림을 담당한다.

그리고 사장의 꿈을 과거, 현재, 미래로 나누어 추진 계획을 만들어야 한다.

하급 임원 (junior Executive)는 현재 진행중인 업무의 지휘자이다.
이 경영진들은 사장이 꾼 꿈을 실행할 실행 계획을 만들어야 한다.
필요한 성취 목표를 만들고, 주며 그 성과를 확인해야 한다.

부서장은 각 부서에게 할당된 현재의 목표를 달성하기 위해 임무를 진행하는 것을 확인해야 한다.
그리고 경영진이 만들어 제시한 목표가 있는 실행계획을 실천할 실천계획을 만들어야 한다.

팀장은 현재 진행 중인 업무를 팀원에게 배분하고 실적 점검을 해 가며 목표를 성취해야 한다. 그리고 팀원을 독려하고 지원해야 한다.
팀원은 주어진 목표 달성을 위해 직접적 시장에 투입되어야 한다.

위의 업무를 분류해 정리해 보면 다음과 같다.

직급	현재 업무	미래 기획 업무
사장	현재회사의 방향	꿈, 미래 설계
임원(전무)	현재의 살림,	실천 계획, 목표
임원(상무)	현재 업무 총괄 지휘자	실천 계획, 세분화된 목표

부서장	현재의 업무 지휘	실행 계획, 할당 목표
팀장	현장 지휘자	목표 달성, 점검, 지원
팀원	현장 실무자	세분화된 목표 달성

모든 업무는 현재의 진행 업무와 미래 업무를 가지고 있다고 설명했다.
단 현재 어떤 업무가 더 중요한가만 있을 뿐이다.

회계부서는 자금 입출기록과 회계 결산 업무와 같은 과거형 자료 관리와 자금 운용과 같은 미래형 관리 업무
영업부서는 현재 영업 목표와 미래의 시장변화 동향
기획부서는 현재의 조직운영 실태 파악과 미래에 대응한 조직 변화 대응 전략 구상
경영분석 부서는 기존 경영운영 상태 분석 및 미래 경영환경 변화 분석 업무가 동시에 존재한다.
단 어떤 업무가 더 중요성을 가지는 가 하는 것이 문제일 뿐이다.

소규모 기업은 이런 기능들이 같이 수행되며 기업이 커질수록 조직이 분화하게 되고 커지게 된다.
소규모 기업은 한곳의 관리가 부실해도 발생되는 위험은 매우 치명적이다.
대규모 기업은 관리가 한곳이 일부 부실해도 커다란 손실이 발생할 확률이 낮다.

하지만 오래된 기업은 조직과 직원이 보수화 되어 변화에 민감하지 않고, 고객 중심이 아닌 회사 관리 중심으로 변해 진부화 되어 시장에서 퇴출되는 경우가 있다.

이런 것을 방지하기위해 계속적인 분석과 변화를 통해 합리적 운영을 달성해야 한다.

위험은 막는 것이 아니고 예방해야 한다.

관리자의 역할

상점에는 2 부류의 관리자가 존재한다.
하나는 점포 전체를 관리하는 관리자이고, 다른 관리자는 부서를 관리하는 관리자이다.
이들은 서로 다른 책임과 권한을 가지고 일을 해야 한다.
하지만 그 임무와 책무가 확실하게 구분되지 않아 비효율이 존재한다.

통상 점장은 점포 전체의 운영에 관리하는 사람이다.
그 점포가 가지는 시스템과 업무가 정상적으로 작동되도록 하는 것이 임무이다.

그리고 불안전 요소나 위험 요소 그리고 안전을 관리한다.

다시 설명하면 시스템은 점포의 인력구조나 운영이 흔들리지 않게 정해진 인원의 고용을 책임져야 한다. 그리고 각종 시설의 유지를 위해 관리하고 책임져야 하며 각종 공적 규제나 공공 규제로부터 통제를 받지 않도록 조치해야 한다. 또한 안전과 위험 요소를 관리하며 재난에 대비해야 한다.

또한 담당부서에 대해서는 비용 통제를 해야 하는 데 구매 통제가 아닌 "초과 구매"나 "폐기량이 적도록" 통제를 해야 한다. 그리고 담당 부서 관리자들이 업무들이 효율적으로 할 수 있도록 지원하거나 부서간 자연스럽게 업무가 진행될 있도록 조정해야 한다.

부서 관리자는 부서의 매출 달성을 위해 최우선 과제로 수행해야 한다. 부서 관리자는 소비자에 대해 응대 서비스가 뛰어나야 하고, 제품에 대한 품질관리와 물품의 구비에 최우선적으로 업무를 수행해야 한다. 그리고 초과 구매를 방지하기 위해 재고 관리를 기록하고 폐기량을 적게 하기 위해 적절한 단가 조정을 신속하게 해야 한다.

만일 점포내의 판매 부서의 면적을 조정하기 위해서는 (1) 줄이려는 물품에 대한 판매 분석표와 추가하려는 예상 판매 분석표를 첨부하고 (2) 줄이려는 물품의 담당 부서 임원과 늘리려는 물품의 담당 부서 임원 (3) 그리고 점포내 담당 부서장과 사전에 상의를 끝 마친 점포의 관리자인 점장은 담당 부서의 임원과 상의하여 결정해야 한다.

이에 결과에 대한 책임은 점장에게 있어야 한다. 그리고 그 부서의 판매 물품에 대한 지분의 이동에 따른 판매 책임은 점포의 담당 부서장이 책임 져야 한다. 판매 결과가 전 물품 보다 판매 실적이 우수해야 한다.

이러한 판매 물품의 지분 이동에 관한 부분은 경영 분석팀이 있다면 사전에 철저하게 검토되어야 한다. 그리고 판매 면적 변화에 따른 판매 결과 보고서를 제출해야 한다.

직원의 일하는 자세

직원들이 일하는 자세는 매우 중요하다. 이 자세에 따라 업무 효율이 달라진다.

1. 직원은 고객을 위해 일해야 한다.
이 뜻은 고객이 원하는 것을 해야 한다는 말이다.
즉 상품의 품질이 우수해야 하고 가격이 저렴하며 그들이 필요로 하는 물건을 필요한 때에 적기에 공급해야 한다. 그리고 상품을 끊임없이 관리하여 최고의 품질 상태를 유지해야 한다는

비즈니스 바이블

것이다. 또한 고객에게 제품을 설명할 수 있어야 한다.

이는 직원인 우리를 존중하는 고객에게 해야 하는 일이다.

2. 직원은 직원을 위해서 일해야 한다.

통상적으로 자신을 위해 일하는 직원들이 있다. 물론 자신을 희생하라는 뜻은 아니다. 자신을 중심으로 부서내의 무거운 짐을 같이 나누어야 한다는 점이다. 그렇게 해서 직원간 유대관계와 팀웍이 증가하고 업무 효율이 증가한다.

부서 관리자는 공평하게 업무를 분장하고, 직원 간의 불화나 불만을 사전에 차단하고 회사와 직원 간의 불화 관계에서 직원이 옳다면 직원을 대변해야 한다.

3. 회사를 위해서 일해야 한다.

회사를 지휘하는 경영진이나 관리자는 대체적으로 자신의 지휘가 어떻게 미치는 지에 대해 많은 생각을 한다. 지금 하고 있는 일이 회사의 이익보다 윗 사람에 대한 눈치나 파벌에 의해 자신이 피해가 없는 가에 치중하는 경향이 있다. 이때 직원들은 눈치를 보게 되고 정당치 못한 일에 관여하게 된다.

따라서 회사를 위해 이 부당함을 거부하고 개인적 이익을 취하려고 하는 유혹에서 벗어나야 한다.

상점에서의 종업원의 역할

상점에 있어서 종업원은 매우 중요한 역할을 하게 된다.
그 이유는 상점이라는 시스템을 통제하고 관리하는 주체가 종업원이기 때문이다.

이미 우리가 시스템의 구성 요소에 대해 언급하였지만 다시 돌아보면 시스템은 인적 요소와 하드웨어적 요소 그리고 소프트웨어적 요소를 포함하고 있다. 이들이 시스템을 구동하는 주체이므로 그들의 업무 효율은 시스템이 효율적으로 작동하는 가장 중요한 요소가 된다.

이런 인적 요소는 여러 업무에 대한 여러 방면의 지식을 가지고 있어야 한다.
고객과 제품 그리고 종업원 간의 업무에 대한 지식이다.
고객에 대한 지식은 그 고객이 어떤 특성이나 특질을 가지고 있는 지를 알아야 한다.
즉 고객의 문화적 특성이나 국가적 특성 그리고 개인적인 특질을 알아야 한다.
자라온 특성에 따라 그들이 요구하는 것이 다르기도 하고 개인적인 엘레지나 음식 특성에 따라 다르게 반응하는 경우가 있기 때문이다. 하지만 여기서 말하는 고객특성은 개인적 특성이 아닌 개괄적 그룹특성을 이야기하는 것이다.

그리고 제품에 대한 지식, 품질에 대한 지식, 가격에 대한 지식을 알아야 한다.

종업원은 고객이 제품을 사는 이유를 명확하게 알아야 한다. 그들이 식료품을 구매하는 경우 그들은 에너지를 만들어내거나 축척 보존하기 위해 또는 자신의 몸을 유지하게 구매하게 된다. 이런 사실을 알고 있을 때 어느 상품이 고객에게 가장 적합한가를 알 수 있게 된다.

그리고 종업원간 협력적 자세 그리고 종업원 개인적 특성으로 업무에 대한 적극성과 무 감독 하에서의 업무태도, 리더인 관리자에 대한 복종심과 같은 여러 요소들이 있다.

상점에서 한 작업자의 업무는 부서나 상점 전체로 보아서는 극히 한 부분이다. 이 한 작업자의 작업 완성은 그 작업 만의 완성이 아닌 주변과 조화도 이루어져야 한다는 것이다. 또한 무 감독하에서의 작업 진행 속도나 완결성은 개인적 성품에 대한 것이다. 이때 가장 중요한 요소는 관리자가 지시하는 업무내용을 잘 이해할 수 있는 언어가 가장 중요하다. 만일 지시사항을 이해 못하면 업무를 숙지하는 시간이 많이 걸리고 거기에 눈치까지 없으면 업무 효율이 안 난다. 만일 같은 민족이나 같은 언어를 쓰는 작업자면 문화 특성이나 언어 특성이 같아 작업이 수월하게 이루어지나 만일 다른 민족과 언어가 다르다면 명령 전달

그리고 명령 수행이 잘 되도록 조직 구성에 많은 신경을 써야 한다. 이런 것을 보완하기 위해 작업 업무 메뉴얼을 만들어야 한다.

6장
소비자

사업 소매업 생존성 상품 직원
소비자 분석 전략 품질 보고서

소비자

소비자는 점포에서 물건을 구매해 주는 사람들이다.
이 사람들이 많이 방문하고 많이 사 주어야 사업이 잘되는 것이다.
이 소비자는 누구이고 무엇을 원할까?

인간들은 가족을 이루고 살고 있고 음식물을 만들고 관리하는 주체는 거의 여성 즉 엄마이며 아내이다. 이들은 애들이나 배우자를 위한 음식물을 만들기 위해 재료를 관리하고 보관하며 품질 관리를 한다.
그래서 구매 주체인 여성고객에 대해 세심한 배려를 해야 한다.

소비자는 지역에 따라 동질성을 가질 수도 있고 여러 성질이 다른 사람들이 모여 같이 살고 있을 수도 있다.
이들이 원하는 것은 그들이 살아온 곳의 문화와 매우 관계가 깊다.
그래서 그들이 필요한 것과 원하는 것이 따로 존재한다.

그렇다면 무엇이 필요(Needs)하고 무엇을 원하는 것(Wants)일까?
인간은 무의식적으로 자신의 생존에 관련된 영양소를 섭취하기를 원한다.
따라서 움직이는 데 필요한 에너지원인 탄수화물을 절대적으로 필요로 하고, 몸을 유지하기 위한 단백질과 지방을 원한다.
그리고 몸을 조절하기 위한 무기물과 비타민도 원한다.

기본 필수 영양소를 잘 구비해야 한다. 이것이 인간이 절대적으로 필요로 하는 상품이다.

그리고 그들은 성장과정 중에 섭취해서 얻은 경험으로 자신이 좋아하는 향이나 씹는 질감 또는 향수의 맛을 얻고자 한다. 이는 필수 상품에 포함되어 있다면 선호도가 매우 높아진다.
이것이 그들이 원하는 상품이다.

소비자를 분류하는 방법은 여러가지다.
그들이 태생 지역(동아시아, 동남아시아, 극동아시아, 중동, 아메리카, 유럽, 아프리카), 국가, 종교와 관습에 따라 그들의 식습관은 매우 다르다.
따라서 그들을 아는 것은 매우 중요하다.

대체로 아프리카계나 남 아메리카, 동남아시아의 사람들은 열대성 과일을 먹어 본 경험이 많아 그 상품이 잘 팔린다. 이 상품이 당류가 많이 포함된 제품이라는 것에 놀라운 사실이 숨어 있다.
결국 당을 많이 요구하는 사람들은 몸이 에너지 소비를 많이 하는 사람이라는 것이다.

하지만 극동 아시아, 동아시아, 동남 아시아 지역에서는 쌀이 주식인데 그들에게 에너지를 제공하는 주요 요소이다. 이는 쌀을 통해 탄수화물을 흡수하고 당류로 변화시켜 일을 할 수 있는 에너지를 얻는 것이다. 그리고 쌀에는 독성 물질이 존재하지 않는다.

유럽인들은 밀가루가 원료인 빵이 주식이다.

그런데 이 빵이 발달한 이유는 그 지역 작물로 밀이 잘 자라기도 하지만 주로 이동을 많이 하던 민족이라 언제든지 먹을 수 있게 수분이 적은 빵이 주식으로 변한 것 같다. 그리고 유럽 지역의 기온이 추워 약간의 독성을 지닌 밀가루가 원료인 빵이 주식이 되었을 확률을 배제할 수가 없다. 통상 신체의 발열은 간에서 이루어지는 데 빵 속에 있는 독성 물질을 간이 끊임없이 해독하려고 열을 발생하였을 수도 있다. 이런 가설을 뒷받침해주듯이 북극곰 수영대회 참가자들이 동양인도 아프리카인도 아닌 모두 유럽인이라는 것이 이 사실을 증명하는 것 같다.

나라에 따라 특히 다른 관습을 같는 경우와 풍습이 달라 먹는 음식이 달라질 수 있다.

종교는 매우 민감하다. 유대교, 이슬람교에 따라 일부 상품들이 코서(Kosher)나 할랄(Halal) 상품이 존재하고 그 상품이 아니면 먹지 않는다.

그리고 이슬람권에서는 돼지고기를 먹지 않고 힌두계는 소를 먹지 않는다.

개인적인 엘레지 반응에 따른 음식 섭취가 다를 수 있다.

미국의 경우 약 7%의 사람들이 글루텐 반응을 한다. 이 글루텐 반응은 밀가루에 이상 반응하는 것이다. 그래서 이 글루텐 반응이 없는 제품이라고 표기해 판다.

또한 우유 같은 유제품에 락테이드 반응을 하는 사람들이 있다. 이 락테이드 반응은 우유 섭취 시 설사 등 소화장애를 일으키는 반응이다. 따라서 락테이드 반응이 안 나도록 조절한 제품을 팔아야 한다.

그리고 또 견과류 같은 땅콩에 엘레지 반응을 일으키는 사람이 존재하므로 이도 적정한 표기를 해야 한다.

화학 첨가제에 민감하게 반응하는 사람이 있으므로 이 첨가제에 대한 적절한 표기가 필요하다.

그리고 성별에 따라서 그들의 구매 행태가 달라진다.

남성은 새로운 물품에 관심이 많다. 계절이 바뀌면 남성은 새로운 상품이 나왔냐고 질문을 한다. 하지만 거의 여성은 이 질문을 하지 않는다. 단지 신선한 물건에 관심이 높다.

이것을 증명할 수는 없으나 오랜 기간과 경험을 통해 관찰한 결과이다.

소비자의 분류

소비자는 크게 남자와 여자 그리고 젖먹이, 아쟁이, 어린이, 청년, 장년, 노인으로 구분된다.

활동량에 따라 그들이 필요로 하는 에너지양과 필요 용품이 다르다.

통상 분류를 성별과 성장 분류로 나눌 수 있다. 물론 다른 기준으로 분류를 할 수 있다.

남자와 여자는 활동량에 따라 에너지 소비량이 다르고 생리 활동도 다르다.

따라서 구매 상품이 다르고 구매 량도 다르다.

일반적으로 남자는 활동량이 많고 여자 보다 신체의 크기가 크다.

남자는 많은 양의 에너지를 소비하고 자신의 신체를 유지하기 위해 보다 많은 영양소의 섭취가 있어야 한다. 여자는 남자보다 적은 양의 에너지를 소비하고 신체 크기가 작아 남자 보다 적은 영양소를 섭취한다.

또한 식품만 아니라 그들이 사용하는 생활 용품도 다르다. 남자는 면도기를 사용하고 여자는 생리용품을 사용한다. 그리고 여자는 남자와 아이들을 대신해서 구매행위를 대행한다. 그래서 상점 입장에서는 여성 고객이 매우 중요하다.

성장단계별 고객을 분류해 보자.

젖먹이는 주로 모유를 주식으로 한다. 만일 모유 수유가 불가능한 경우 우유로 대체한다. 그들은 액체로 된 것을 먹는다.

그리고 그 단계가 끝나면 이유식 단계로 들어 간다.
그러므로 이 젖먹이들을 위해 사 가는 식품은 이유식이다.
또한 곡류나 과일 등을 갈거나 부드럽게 해서 먹인다.

아쟁이는 젖먹이 이유식 단계를 지나 조금은 딱딱한 음식을 먹는 단계이다. 이는 스스로 손에 쥘 수 있는 음식을 주어야 하고 목 넘김이 쉬운 제품이어야 한다. 만일 큰 한입으로 물어 뜯어 목에 넘기다 걸리면 위험이 따른다. 그래서 약간 크기가 작고 쥐어도 부서지지 않으며 입으로 씹었을 경우 쉽게 떨어져 나오는 제품을 요구한다. 그리고 주로 단맛을 위주로 해야 한다.

어린이의 경우 주말을 제외한 주중에는 거의 학교 같은 시설에서 점심식사를 제공한다.
다만 아침과 점심 사이의 간식류의 음식이 팔린다.
예로 간단하게 먹을 수 있게 잘라 놓은 사과로 손질 없이 직접 먹을 수 있어야 하고 소량의 포장으로 만들어야 한다. 아직 그들의 장기는 완벽하지 않아 열량을 쉽게 섭취할 수 있는 단맛과 장기의 불편함을 막을 약간 신맛의 제품을 제공해야 한다.

위의 유아기, 아쟁이, 어린이의 주식은 엄마인 여자가 구매 대행하며 그들을 위해 화학 첨가제가 들어가지 않은 자연식이나 올개닉 제품 구매를 선호한다.

그러므로 어린이를 동반한 고객의 비율을 잘 파악하여 그들을 위한 제품을 준비해야 한다.

이때 올개닉 제품은 소년 이하의 고객이 손에 잡고 먹을 수 있는 작은 크기의 제품이 선호도가 높고, 준비 없이 직접 먹을 수 있는 소 포장의 제품이 선택의 기회가 높인다.

청소년은 학교에서 거의 성인 수준의 열량을 섭취한다. 그러나 아직도 소화기관이 완벽하게 발달되지 않았기 때문에 가끔 장에 문제가 생기기도 하여 에너지 섭취에 일부 장애를 일으킨다. 따라서 그런 에너지의 부족을 채우기 위해 소다와 같이 달며 탄산을 포함한 음료를 선호하게 된다. 그들에게 소화에 부담되지 않는 음식이 제공되어져야 한다. 장의 탈이 나는 문제를 방지하기 위해 신맛을 제공해야 한다.

청년의 경우는 성인으로 신체를 유지를 위해 그리고 활동지수가 높아 많은 에너지가 필요하다. 그러므로 많은 열량을 위해 많은 음식을 섭취해야 한다. 이때 선택은 많은 양의 음식이나 고 열량 음식을 먹어야 한다. 지방이 단위당 9Kcal의 열량을 내고 탄수화물과 단백질이 4Kcal의 열량을 내게 되므로 지방을 섭취하는 경우 적은 양으로 고 열량을 만들 수 있다.

또한 알코올이 7Kcal의 열량을 낸다. 따라서 이런 성향은 장년에게도 동일하게 적용된다.

장년의 경우 이제는 전면에 나서 노동 강도가 높은 일을 하기보다는 뒤에서 뇌를 쓰는 지휘의 역할을 하는 경우가 많다. 성인의 신체를 유지하여야 하지만 신체적 활동 지수가 청년 보다는 약간 적다. 대신에 고도의 정신적 활동을 하게 되므로 역시 많은 열량을 필요로 한다. 이는 뇌에서 소비되는 열량은 동일하나 긴장되는 근육이나 기타 장기의 스트레스로 열량 소비가 늘어난다는 이론이 있다.

결국 청년과 장년은 거의 같은 열량을 소비를 할 것 같다.

노년의 경우는 장기의 소화력이 약해져서 일반 식품 보다 소화가 쉬운 제품들이 잘 팔린다. 예로 노인을 제외한 고객군은 일반 통 감자를 선호하나 노인의 경우는 감자를 갈아서 분말 형태로 만든 메쉬 포테이토와 같이 감자의 분자를 작게 만들어져 소화가 쉬운 것을 주로 선호하는 경향을 가진다. 이 제품은 소화가 쉬우나 열량이 높아 어린이에게 적합하지 않다.

그리고 소화를 돕는 가스 활명수 같은 의약품이 아닌 소화 보조재들의 판매가 많다.

위의 여러 계층의 소비자를 분석하고 판매 분석을 통해 적절한 상품을 구비해야 한다.

동일 제품에 대한 제품 형태에 따른 구매 층 분류

제품	젖먹이	아쟁이	어린이	청년	장년	노년
감자형태	감자를 직접 갈아 요리후 먹인다.	작은 감자를 먹인다	작은 감자나 통 감자	통 감자	통 감자	갈아서 만든 분말 형태의 감자 제품

◆ 뇌, 존재만으로 많은 칼로리 소비

성인의 뇌 무게는 남성 1350~1500g, 여성 1200~1250g 정도로 평균 체중의 약 2%에 불과하다. 하지만 뇌는 포도당 형태로 하루에 350~450kcal를 소비하며 이는 기초적 인체 칼로리의 20~25%를 차지한다. 몸이 충분히 성장하지 않은 아이들일수록 이 비율은 더욱 커져 5~6세 어린이는 전체 칼로리의 60%가 뇌에서 소비된다.

출처: 글로벌 뉴스 미디어 채널 데일리 포스트(http://www.thedailypost.kr)

◆ 사용 여부와 상관없이 뇌의 칼로리는 일정

"존재만으로 대량의 칼로리를 소비하는 뇌를 풀가동시키면 어떻게 될까?" 이 질문에 캐나다 오타와 대학의 신경과학 교수인 클로드 메시에(Claude Messier)는 "사실 칼로리는 거의 일정하다"고 답한다.

두뇌 활동을 통해 대량의 칼로리를 소비해 체중이 급감한 이유도 사실 두뇌와는 크게 관계가 없다는 것도 밝혀졌다. 체스를 두는 동안 카르포브는 호흡이 평소보다 3배 빨라지고 근육이 수축해 혈압이 상승했다. 이러한 육체적 긴장이 칼로리 소비를 늘렸고, 정신적 중압감에 따른 식사량 감소 및 불규칙한 식습관과 맞물리며 빠르게 체중이 감소한 것으로 추정된다고 메시에는 주장했다.

출처: 글로벌 뉴스 미디어 채널 데일리포스트(http://www.thedailypost.kr)

소비자인 인간 그리고 음식

2. 에너지 소비(energy expenditure, EE)의 요소

ATP를 형성하기 위한 에너지원들은 탄수화물, 지방, 단백질에 저장된 에너지에서 나온다. 에너지 섭취는 음식물 중의 에너지 함량(탄수화물 4kcal/g, 단백질 4kcal/g, 지방 9kcal/g, 알콜 7kcal/g)으로 나타내는데, 체내에는 지방, 글리코겐, 단백질로 저장될 수 있다. 이러한 음식물 섭취로 획득된 에너지는 생명 유지를 위하여 절대적으로 필요한 기초 에너지 소모량(basal energy expenditure), 신체 활동에 의한 에너지 소모량(activity energy expenditure), 추위나 음식물 섭취에 의해 유도되는 적응열 발생(adaptive thermogenesis)에 의한 소모 등으로 소비된다[15].

대사량의 측면에서 본 비만

신상원 (분당 차 한방병원 한방 재활의학과) ;

김호준 (분당 차 한방병원 한방 재활의학과) ;

김수진 (분당 차 한방병원 한방 재활의학과)

PUBLISHED : 2003.12.01   한방 비만 학회지

인간의 몸은 살아있는 생명체이다. 많은 세포로 구성되어져 있고 이 세포들이 모여 다시 장기와 뼈와 근육 그리고 피부로 이루어져 있다. 하나의 큰 시스템이고 이 시스템이 자연스럽게 돌

아 가기 위해서는 여러 필수 요소들이 있다.

그 중 에너지를 제공하는 것, 그리고 몸을 유지하기 위한 것이 음식이다.

신체는 크게 뼈를 기반으로 근육이 붙고 이 근육을 움직이는 신경계가 있으면 이 일체화된 조직을 외부로부터 보호하는 피부가 있다. 또 위험 세균으로부터 보호하는 면역체계가 있다.

이에 영양을 공급하는 시스템이 있는 데 음식물을 잘게 씹어 위로 넘기고 위에서 다시 물과 혼합하여 연동 작용에 의해 잘게 부순 후에 십이지장과 소장에서 박테리아를 통해 음식물을 분해해 영양분을 흡수하고 대장에서 물을 분해 흡수한다. 그리고 찌꺼기는 몸 밖으로 배출한다.

이때 폐에서 산소는 흡수하고 이산화탄소는 배출해 몸의 영양 공급을 원활 하게 할 수 있도록 피를 깨끗하게 한다.

이때 박테리아의 활동성을 높이기 위해 체온을 유지하는 열을 발산하는 간의 기능이 중요하다. 물론 담즙은 소화를 위한 효소를 생산한다.

이렇게 내가 장황하게 인간의 신체 구조와 그 작동방법에 대해 설명하고 자 하는 것은 인간의 몸을 원활하게 돌아가기 위해서는 박테리아의 도움이 매우 필수적이라는 것을 의미하는 것이다.

그런데 이 박테리아의 종류도 좋은 박테리아와 나쁜 박테리아, 무해한 박테리아로 나뉘고, 온도에 따라 복제 속도도 다르다. 하지만 몸은 이 세 종류의 박테리아에 모두 도움을 받아야 한다. 이 박테리아의 적정 비율을 유지하는 것은 체온에 의해 결정된다.

따라서 인간에게 있어 체온 유지는 매우 중요하다.

이 박테리아를 조절하는 다른 방법은 배탈이 나는 경우 숯을 가루로 만들어 먹거나 또는 레몬이나 라임과 같은 산이 포함된 음식을 먹어 박테리아의 수를 조절한다.

숯의 경우 가루 분자 안에 수많은 구멍이 있어 그 안으로 나쁜 박테리아를 끌어 들이고 그 구멍에 살고 있는 UV균이 나쁜 박테리아 균을 잡아먹도록 하는 방법이다. 이는 유익한 균은 분자 규모가 커서 숯의 분자 안으로 못 들어가고 유해균은 분자 규모가 작아 오직 유해균만 분해하는 장점이 있어 효고가 좋다. 하지만 숯 가루는 나무의 종류에 따라 분자가 날카로운 구조를 가지고 있는 경우 장내 상처를 낼 가능성이 있으므로 특정 재질은 피해야 한다.

또 다른 방법은 신 맛을 가진 산을 통해 박테리아의 수를 줄이는 것이다. 이때 좋은 박테리아와 나쁜 박테리아 종류에 상관없이 죽게 되어 문제가 생기기도 한다.

인간에게 있어 생명활동을 유지하는 중요 요소는 에너지이고 그 에너지를 몸에서 만들어내는 것은 박테리아와 음식이라는 것이다. 박테리아는 외부의 열과 신체 내부의 열에 의해 조절된다. 외부의 열의 통제는 의복에 의해 이루어지는 데 태양과 같은 직접적 우주에너지를 조절하거나 달빛과 같은 간접 에너지를 보존하거나 신체에서 생성되는 열을 보존하거나 발산을 통제하고, 음식물 구성품 중 두부와 같이 열을 장시간 머금고 있는 재료나 뜨거운 음료를 통해 열 손실을 보충하거나 열이 과다할 경우 찬 음료나 찬 음식 또는 냉한 기운을 가진 것을 통해 감소시킨다.

또 다른 내부 열의 발생은 음식물이 가지고 있는 영양 성분 또는 독성물질을 분해해서 간에서 발열하게 만드는 것이다.

여러 곳에서 만들어져 인간의 몸에 영향을 미치는 열의 섬세한 통제와 적절한 음식물 섭취를 통해 건강한 몸을 유지할 수 있는 것이다.

세균의 성장 조건

그들은 극한 상황에서 인간보다 훨씬 잘 살아 남는다. 일반적으로 세균은 잠재적 위해 식품에서 잘 증식한다. 왜냐하면 이러한 식품은 단백질이 풍부하고 수분이 많으며 산도가 높지 않기 때문이다.

세균의 생육에 필요한 조건은 식품(Food), 산도(Acidity), 시간(Time), 온도(Temprtature), 산소(Oxygen), 수분(Moisture)이다. = FAT-TOM

① 식품: 대부분 식품은 단수화물, 지방, 단백질, 무기물과 비타민 등 세균의 성장에 요구되는 많은 영양소들을 함유하고 있다. 이 중에서도 특히 단백질이 세균성장을 지배하므로 여기서 식품이라 함은 단백질 함량이 높은 식품을 말한다. (오염은 생산, 유통, 저장, 조리, 가공 중에서 쉽게 발생)

② 산도: 일반적으로 세균은 중성 또는 알카리성 PH에서 가장 잘 증식하고, PH4.5이하에서는 증식하지 못한다. 따라서 육류, 생선, 패류, 우유, 두부 등 잠재적 위해식품의 PH 값은 대게 4.6~7.00이다. 산성이 강한 식품에서는 위해세균이 억제되므로 잘 익은 김치, 발효유, 치즈, 탁주, 포도주, 과즙 등은 위생학적으로 안전한 식품이다.

③ 시간: 세균은 시간이 경과함에 따라 대수적으로 그 수가 증가한다. 세균이 증식하여 그 수가 2배 증가하는 데 소요되는 시간을 배가시간 또는 세대시간이라고 한다. 최적온도에서 배가시간은 장염 비브리오균은 11분, 대장균은 20분, 황색포도상구균은 28분이다. 따라서 잠재적인 위해식품은 식품을 취급하는 전체과정동안 위험온도대에 4시간이상 노출시켜서는 안 된다.

④ 온도: 세균은 성장 가능한 온도범위가 종류에 따라 매우 다양하다. 5℃ 내외의 냉장온도에서도 비교적 잘 증식하는 저온성균, 37℃ 온혈동물 체온에서 가장 잘 증식하는 중온성균, 60℃ 내외에서 가장 잘 증식하는 호열성균 등으로 구분 한다. 비교적 넓은 범위온도에서(4~60℃) 다양한 미생물들이 증식하므로 이를 잠재적 위해식품의 위험온도대라 한다.

⑤ 산소: 세균은 증식에 산소를 필요로 하는 호기성균, 산소의 존재로 증식이 저해되는 혐기성균, 산소의 존재와 무관하게 증식하는 통성혐기성균이 있다.

⑥ 수분: 식품의 수분중에서 미생물의 증식에 이용될 수 있는 상태인 수분의 양을 수분활성도(Aw)라 한다. (0.96~0.99Aw)수분활성도가 0.90이하에서는 대부분 증식하지 못한다. 고기, 생선, 우유, 밥 등의 잠재적 위해식품의 대부분은 0.97~0.99의 수분활성도를 나타내므로 세균 증식에 아주 이상적이다. 수분활성도는 냉동, 건조, 당이나 소금첨가, 가열조리 등의 방법으로 안전한 수준으로 낮출 수 있다. 쌀, 콩 등과 같은 건조식품은 수분이 첨가되면 잠재적 위해식품이 된다.

< • 출처: 식품위생학>

Naver Blog: 물과 생활이야기 https://blog.naver.com/kkkjg2002/220053730163

7장
분석

사업 소매업 생존성 상품 직원
소비자 분석 전략 품질 보고서

파레토 분석

파레토 법칙 (Pareto principle, law of the vital few, principle of factor sparsity) 또는 **80 대 20 법칙**(80/20 rule)은 '전체 결과의 80%가 전체 원인의 20%에서 일어나는 현상'을 가리킨다.

예로 판매 상품의 수 20%가 전체 판매액의 80%를 차지한다는 법칙이다.
이는 이탈리아의 경제학자 빌프레도 파레토의 이름에서 따온 것이다.

전통적인 시장에서는 어느 한 종목에서는 보통 잘 팔리는 상위 20%가 전체 매출의 80%를 차지한다고 하는 파레토 법칙에 따르고 있다. 따라서 한정된 공간과 자원을 가진 매장에서는 잘 팔리는 물건에 보다 집중하여 전시하는 경향이 있다.
예를 들면 소매점에서 잘 팔리는 상품을 더 팔기 위해 좋은 장소에 전시하는 경향이 있는 데, 그렇게 하면 나머지는 적게 팔리게 되어 재고로 남는 경우가 많았다.

이 전략은 선택과 집중 전략이다.
하지만 이 전략은 매출을 유지하기 위한 전략에 가깝다. 매출을 증진하기 위해서는 상위 20% 밑의 10%에 해당하는 상품을 판매 촉진하는 전략을 선택해야 한다.

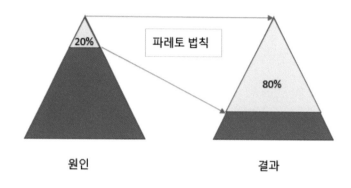

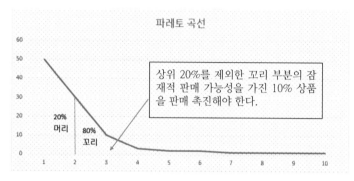

파레토 곡선

상위 20%를 제외한 꼬리 부분의 잠
재적 판매 가능성을 가진 10% 상품
을 판매 촉진해야 한다.

20%
머리

80%
꼬리

데이터의 분석 방법

점포에서 수많은 정보들이 발생한다. 하지만 이 정보들 중 어
느 것을 수집하고 보관하며 분석해야 하는 가 하는 것은 매우
중요하다. 만일 정보 분석에 대한 개념이 없다면 그냥 지나쳐
버려 수집도 못하게 된다.

요즘은 고객의 위치 정보를 무척 중요시한다. 그들의 삶을 추적하고 그들의 행동양식을 분석하고 자 한다. 이 위치 정보의 수집은 비즈니스에서 적극 사용되어지고 있다. 이 위치정보를 수집하는 수단은 핸드폰을 통해 수집한다.

이 핸드폰의 위치를 분초 시간 단위로 수집을 하면 그 전화기를 소유한 사람의 이동행적을 파악할 수가 있다. 그리고 이 위치정보와 개인 정보를 합성하면 그 사람의 행동 반경과 생활 양식을 알아 낼 수 있는 것이다.

그럼 점포에서 발생하는 정보를 알아보자.
고객이 물건을 사고 계산대에서 정산을 한다면 그 사람이 산 물건이 무엇인지를 알 수가 있다.
이것은 1차 정보이다.
이때 발생하는 정보는 물건에 붙어있는 바코드가 가격을 불러와서 그 물건들의 합계가 만들어 낸 총액을 현금 또는 신용카드, 현금카드, Food Stamp, WIC으로 지불한다.

2차 정보는 물건과 물건 사이의 상관 관계를 알아내는 것이다.
이는 가령 맥주를 사는 사람이 통상적으로 땅콩을 산다면 설득력이 있을 것이다.
이는 맥주를 마시며 땅콩을 안주로 마시는 것으로 추정된다. 결국 이 2차 정보는 물건과 물건 사이의 관계를 알아내는 것이다.

그렇다면 고객 그리고 물건과 물건 간의 관계를 알아낼 수 있을까?

아기 기저귀를 산 젊은 남자가 맥주를 살 확률이 높다고 주장하면 그 주장을 믿을 것인가?

이 주장은 어느 사회 과학자가 실험을 통해 알아낸 사실이다.

이렇게 3차 정보는 숨겨져 있어 알아내기가 쉽지가 않다.

그리고 인간과 문화 그리고 상품 간의 관계를 알아내는 일도 매우 중요한다.

예로 한국 사람이 설날 떡국과 기타 설음식을 무엇을 먹는 정보는 마케팅에서 매우 중요한 역할을 한다. 왜냐하면 고객의 문화에 따라 그들이 먹는 음식이 다르기 때문이다.

이렇게 계산대에서 계산되어지는 물품은 단순하게 즉흥적으로 사는 것이 아니고 정당한 이유가 있어서 사게 되는 것이다. 이런 관계를 잘 분석하는 것은 매우 중요하다.

또한 다른 측면에서 고객을 분석하게 되는 데, 고객의 이동 경로를 파악하는 것은 매우 중요하다. 사실 이동경로를 사전에 설계하고 상품의 배치를 계획한다면 좋은 결과를 얻을 수 있는 확률이 매우 높다. 고객에게 많은 물건을 보여주면 보여줄수록 관심을 가지고 구매충동이 일어나기 마련이다. 따라서 씨씨티브(CCTV)나 기타 영상장치로 매장내 고객의 이동 경로를 파악하고 가장 많은 트래픽이 일어나는 곳에 그 고객들에게 알맞은 상

비즈니스 바이블

품을 전시하여 보다 많은 매출을 만들 수가 있다.

그리고 아이 카메라(Eye Camera) 시험을 통해 고객의 시선이 어떻게 변하는 지를 파악하여 물품의 전시에 고려하면 많은 도움이 된다. 이 시선은 고객이 한 자리에 서서 물건을 탐색하고 선택하고 구매를 결정하는 과정을 보여주게 되는 데 이러한 인간의 습성을 잘 이용하면 그들에게 주저 없는 결정을 내리게 만드는데 효과가 있다.

통상 이 시험의 결과는 5피트 넓이의 구간을 한 눈에 볼 수 있으며 우측에서 좌측으로 사선으로 위에서 아래로 보는 경향을 가지고 있다.

이런 실험 결과를 이용하면 같은 카테고리의 물건을 5피트 안에 넣어 의사결정을 주저 없이 빨리 할 수 있도록 한다.

이런 실험적 관찰을 통해 얻어진 결과를 판매 촉진을 위한 전략에 사용할 수가 있다.
하지만 실험 과정과 결과가 결코 판매를 증진하는 것에 영향을 미치는 것이 아니다.
예로 젊은 남성이 기저귀를 사는 경우 맥주를 살 확률이 높다고 기저귀 옆에 맥주를 갖다 놓을 수 없을 뿐 아니라, 기저귀를 사는 젊은 남성의 고객 숫자를 증가시킬 수 없다는 한계를 갖는다.

그러므로 이 정보는 단순하게 어떤 사건의 발생에 대한 사실을 알려주는 것 일뿐이다.

인위적으로 매출을 증가시키기 위한 전략에 응용하기 어려워진다.

설명에서 고객과 물건의 1차적 상관 관계나, 물건과 물건 사이의 상관 관계 그리고 고객과 물건과 물건의 상관 관계를 알아낼 수 있다고 설명했다.

과연 그럼 어떻게 그들의 상관 관계를 설명할 수 있는 지 알아보자.

이러한 정보를 분석하기 위해서는 사전에 필요한 정보가 수집 가능하도록 일부 기능을 수정해야 한다. 이런 기능들이 기계적으로 설정되었다는 가정하에 설명을 해 보자.

1차적 상관 관계는 계산원이 고객에게 질문하여 도미니칸이라는 정보를 수집해서 구매한 물품을 분석하는 것이다.

이는 고객을 구별할 수 있는 기능을 만들거나 설정하여 기록하고 그 구매물품 정보를 매칭하여 수집하거나 기록하여 그 집단들이 구매한 물품을 도미니칸이라는 사상과 대응하는 물품의 구매량 또는 구매액을 비교하면 그 상관 관계를 유추할 수 있다.

이렇게 단순하게 비교할 수도 있고 통계적으로 F 분포(52 이하), 또는 t 분포를 통해 상관 관계를 밝혀낼 수 있다.

F 분포는 발생 개수가 52개 이하일 때 비연속적 분포를 검증하는 것이고, t 분포는 발생 개수가 52개 이상의 연속적 분포에서 사용되는 것이다.

이런 과정은 제2적 상관 관계나 제3차적 상관 관계 분석에 적용할 수 있다, 하지만 데이터의 구조가 복잡하거나 데이터의 양이 많아지면 수동으로 계산하기 어려워지는 한계점이 있다.

이러한 분석을 위해서 IBM에서 제공하는 IBM® SPSS® Statistics를 이용하면 되는 데 전문인력과 프로그램 비용이 높은 편이라 분석 결과를 전략화 하지 못하면 상당한 비용만 소모하게 된다.

결국 분석도 중요하지만 전략화가 기능하느냐가 더 중요하다.

포지셔닝 분석 방법

이 분석 방법은 신설하고자 하는 점포나 영업 중인 점포의 시장 내에서의 위치를 결정하거나 조정하기 위한 분석 방법이다. 통상 지역내의 여러 경쟁자들이 존재하고 그들이 생존을 위해 다양한 전략을 수립하고 전개한다. 여러 전략 중 생존을 위해서는 상점이 시장 내에서 어떤 위치에 있어야 하는 가 하는 것이 매우 중요하다. 결국 여러 계층의 소비자 중 매출을 극대할 수 있는 계층에 맞추어 지역 시장내 상점의 수준을 조정하고 수정 결정하는 것이 포지셔닝이다.

이때 사용되어지는 점포의 포지셔닝 기준은 품질과 가격이다.

	1	2	3	4	5	6	7	8	9
품질 수준	상급	상급	상급	중급	중급	중급	하급	하급	하급
가격	고가격	중가격	저가격	고가격	중가격	저가격	고가격	중가격	저가격
문제점			생존성	고객수			고객수		

위의 표에서 상점의 품질 수준을 단순하게 상중하로 나누었다.
상점의 품질이 상급이라는 이야기는 신선 식품의 경우 도매 시
장에서 구입상품의 가격이 싸지가 않다는 것을 의미하며, 전시
방법에 인력이 많이 들어간다는 것을 의미한다. 결국 품질 유지
를 위해 저 품질의 상품을 무수히 골라내야 해서 부수적 비용
이 발생하게 된다.

하지만 상급의 상점이라도 많은 수의 제품들은 공장에서 생산
된 그로서리 제품이나 유제품을 보유하고 있으므로 더 높은 가
격을 적용할 수가 없다. 따라서 일부 제품만 품질에 따라 고 가
격을 적용하게 되고 일부 공산품 제품은 시장 가격을 적용하게
된다.

이러한 상급의 품질 조건에 저 가격을 적용하면 수익 보다 비
용 발생이 더 커서 생존성에 문제가 발생하게 된다.

따라서 상급 품질에 저 가격으로 판매하는 것은 상점 포지셔닝
전략으로 택할 수 없는 정책이다.

만일 부득이 위 전략을 선택해야 한다면 인구학적 통계자료들

이 필요하다.

이 자료는 인구와 인종적 정보와 소득과 소비성향 분석들이다. 하지만 상점 규모에 비해 많은 고객이 몰려온다면 쾌적한 분위기의 쇼핑 공간이 안되어 점차 고객이 이탈할 수도 있다.

통상적으로 소비성향 분석은 지역 인구의 구성에 따라 일부 달라진다.

노령인구가 높은 경우 음식물에 대한 지출이 매우 적다. 그리고 소득의 수준에 따라 선호되는 제품이 달라진다. 인종에 따라 직업군이 다르며 그들이 종사하는 직업에 따라 엥겔지수가 다르다. 하지만 그들의 소득이 증가할수록 고급 제품으로 이동을 한다. 따라서 이런 패턴을 잘 읽어야 상점의 포지셔닝 전략을 구사할 수가 있다.

또한 경쟁자를 분석해서 어느 포지셔닝에 속하는 지를 판단해야 한다. 결국 그 의미는 같은 수준의 점포가 많이 존재한다면 경쟁이 심해서 생존하기 어렵다는 것을 의미하기 때문이다.

결국 신설하고자 하는 상점이나 영업 중인 상점의 경영이 악화된다면 이 포지셔닝 분석을 통해 개선의 여지를 파악해야 한다.

대체적으로 많은 상점들이 상 품질, 중 가격 정책을 실시한다. 이는 상품질의 경우 보존 기간이 길어 판매될 확률이 높고 가격을 약간 내려 팔면 판매 속도가 빨라져 폐기가 적어지게 된다.

하지만 많은 상점들이 이 정책을 수행하므로 경쟁이 심화된다. 그래서 품질관리에 실패하면 경쟁에서 탈락하게 된다.

여기에는 고객분석, 경쟁자 분석, 지역 인구분석, 소득 분석, 지출 성향 분석 등 많은 정보들이 필요한다.

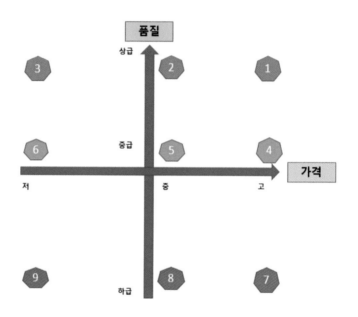

대체적으로 많은 상점들이 상 품질, 중 가격 정책을 실시한다. 이는 상품질의 경우 보존 기간이 길어 판매될 확률이 높고 가격을 약간 내려 팔면 판매 속도가 빨라져 폐기가 적어지게 된다. 하지만 많은 상점들이 이 정책을 수행하므로 경쟁이 심화된다. 그래서 품질관리에 실패하면 경쟁에서 탈락하게 된다.

비즈니스 바이블

다른 전략은 중 품질, 중 저가 전략을 선택하는 경우도 있다. 이는 인건비를 절약하는 전시 방법을 선택하여 비용을 절감하고 고 소득 고객이 아닌 중 저 소득층을 대상으로 점포를 운영하는 것이다. 하지만 매입하는 제품은 아주 고가품이 아니더라도 일정 등급 이상의 제품을 매입해야 한다. 만일 중가 매입에 실패할 경우나 품질 관리에 실패할 경우 심각한 문제에 봉착하게 된다. 결국 이 포지셔닝 전략은 매장내로 얼마나 많은 고객을 유인하느냐 하는 것이 관건이 된다. 이를 유도하는 것이 품질 수준에 따른 가격 정책이다. 가게의 포지셔닝을 다음과 같이 한다면 (1)고 품질 고 가격 (2) 고 품질, 중 가격 (3) 중 품질, 중 가격 (4) 중 품질, 저 가격 (5) 저 품질, 저 가격이다. 이에 점포의 수준에 따라 방문 고객이 달라진다. (1)의 경우는 고 소득 고객이 (2)의 경우는 고 소득 또는 중간 소득의 고객 (3)의 경우는 중간 소득 (4) 중간 소득 또는 저소득 (5) 저소득 고객이 주를 이룰 것이다.

8장

전략

사업 소매업 생존성 상품 직원
소비자 분석 **전략** 품질 보고서

사업의 발전 단계와 대응전략

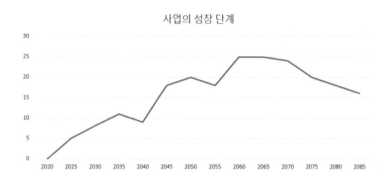

사업의 성장 단계

사업은 시작 단계를 지나 성장 단계, 성숙 단계, 쇠퇴단계를 거치게 된다.

시작 단계에서는 생존 문제에 초점을 두어 전략을 선택해야 한다. 비용 감소와 매출 증진을 위한 전략에 중점을 두고 소비자의 목소리를 경청해야 한다.

그들이 원하는 것을 구비하고 엄격한 관리로 그들에게 품질 수준과 가격 수준을 알려야 한다.

이때 초기에는 품질이 허락하는 한 가격을 초저가로 팔아야 한다. 그래야 고객이 증가하고 고객이 증가하면 매출이 증가한다. 결국 고객수의 증가에 역점을 두어야 한다. 이것에 관한 자세한 설명은 나중에 하겠다.

이때 이들을 유인하는 부서는 빠르게 품질이 저하하는 상품을 저 가격에 팔아 손실율을 줄여 <u>비용을 감소시키는</u> 것이다. 또한 손익분기점 분석을 통해 초저가 판매를 위한 분기점이 어디인지를 알아야 한다.

성장 단계는 시작단계에서 생존성이 확인된 후 이제 비약적 성장을 위한 준비를 해야 한다.

이는 기존에 운영하는 시스템이 점차 매출이 확대되면 주력 부서만 아니라 지원부서들도 인원 보충이 요구된다. 하지만 매출 상승 보다 비용 상승이 더 많을 수도 있다.

따라서 일시적으로 이익률의 정체나 하락을 가지게 된다. 변화가 완료되고 다시 성장 패턴을 가진다면 아주 좋은 일이다. 하지만 만일 성장에 장애가 있다면 처음 했던 분석을 다시해서 다시 점검해야 한다.

이때 성장 전략은 고객이 원하는 많은 상품을 전시하여 그들의 욕구나 필요성에 대응하여야 한다. 그리고 품질을 향상시켜 고객들의 만족감을 높이는 동시에 가격을 일부 상향 조정하여야 한다.

이때 중점은 <u>고객의 증가와 고객 당 단위 매출</u>에 역점을 두어야 한다.

성숙 단계는 소비자들의 방문의 증가가 정체되고 단위당 고객의 구입량이 정체되는 것을 보고 알 수 있다. 이 분석을 통해 매출을 자극하는 방법은 여러가지이다. 구매하는 고객의 변화에 맞추어 상품을 변화시키고 고객이 이동하는 통로를 확인해 매출 잠재성을 가지 상품을 이동 전시하여 판매를 촉진할 수 있다.

위에서 사업의 성장 단계를 4단계로 제시하였다.
그러나 그 성장 단계별 굴곡은 한번이 아닌 여러 번이 올 수도 있다. 왜냐하면 사업은 언제나 큰 틀에서 지역, 국가나 국제적인 경제 동향에 영향을 크게 받기 때문이다.

어떤 때는 시작 단계에서 사업이 종료되는 경우도 있고, 발전단계나 성숙 단계에서 사업이 종료되는 경우도 있다. 결국 파산이란 돈이라는 요소만 아니라 다른 요인에 의거해서 일어날 수 있다는 것이다. 이러한 것을 관리하는 것이 리스크(Risk) 관리다.

매출 증가 전략의 수립

앞으로 우리는 매출 보고서를 만들어 볼 것이다.
이 보고서 안에는 매출 증대를 할 수 있는 전략이 숨어있다.

그 매출증대를 위한 전략은 매출 보고서를 만들어 내는 공식에 숨어 있다.
그래서 경영에 관련해 거의 모든 것이 수리적이고 확률적으로 해석이 가능하다는 것이다.

자 그럼 매출 증대를 위한 전략을 알아보자.

매출액=고객수 X 고객당 구매액

여기서 매출이 상승하는 요인은 무엇일까?
즉 **고객의 수가** 증가하거나 **고객 1인당 구매액이** 늘어나면 매출액이 증가한다는 사실을 알 수 있다.

매출을 증가시키는 방법은 어떤 것이 있으며 어떻게 해야 하고 그 책임은 누구인가를 알아보자.

점포 전체의 고객수를 늘리기 위해 특히 신규 고객을 만들기 위해서는 마케팅 부서의 광고 선전이나 점포 자체에서 선전물을 영업 구역에 배포하는 것이 매우 중요하다.
이런 꾸준한 활동을 통해 점포를 알지 못해 방문한 적이 없는 고객이나 점포를 잊고 방문하지 않았던 휴면고객의 인식을 깨어 방문하게 할 수 있다.
이 임무는 점포장과 마케팅 부서가 가지는 임무이다.

부서 관리자는 이렇게 만들어진 고객을 내 손님으로 만들어야 한다.

비즈니스 바이블

결국 1인당 고객 당 구매량과 구매액을 늘려야 하는 데 그 고객 당 구매 량의 공식은 다음과 같다.

1인 고객당 구매액= 고객당 부서 상품구매의 수 X 부서상품 평균 가격

그렇다면 부서 매출액을 증대하기 위한 부서장의 선택은 어떤 것일까?

일단 고객들이 선택하는 상품의 수를 늘리거나 가격을 올려야 한다.

상품의 수를 늘리기 위해서는 고객의 원하는 상품을 새로 추가해야 한다.

혹은 기존 상품의 형태를 반 가공으로 변형하거나 여러 상품을 같이 혼합한 형태의 상품을 개발해야 한다.

부서 매출액을 증대시키는 다른 방법은 더 비싼 동종의 고급 품질의 상품을 판매하는 것이다. 하지만 단순하게 기존 상품의 가격을 올려 매출을 늘리는 방식은 권장하지 않는다.

왜냐하면 저품질의 기존상품에 오른 가격을 인정하지 않는 경우 고객의 이탈이 일어난다. 하지만 고품질로 개선이 이루어지면 가격을 올려도 이탈하지 않는데 그들이 품질에 대해 그 가격을 인정하기 때문이다.

또 다른 방법은 고객의 구매가 쉽도록 카테고리가 잘 정리되어져 있어야 한다. 이렇게 하면 망설임 없이 구매 결정을 하게 되고 못 찾아서 구매를 포기할 확률이 낮아진다.

그리고 고객과 대화를 통해 그들이 필요로 하는 제품 정보를 제공해야 한다. 이때 그 제품의 정보만 아니라 그 연관정보나 유사한 제품 정보를 제공해 선택의 폭이 넓어지도록 해야 한다. 그리고 대화를 통해 권유하면 의사결정이 손 쉬워진다. 그래서 고객 응대 서비스가 중요하다

다른 전략은 **파레트 분석**을 통해 상품 판매량 순위를 파악한다. 매출량 순위 상위 20%가 매출액이 80%에 해당되는 상품을 확인한다. 그리고 판매를 촉진하기 위해 상위20%의 차후 순위 판매량 10%의 상품을 전시 장소나 포장 방법을 달리하여 판매 촉진하는 방법을 선택해야 한다.

위의 요소가 점포장이나 부서장의 평가 기준에 포함된다면 그들은 알아서 노력한다. 그렇지 않고 단순하게 압력과 스트레스만 준다고 매출이 늘어나지 않는다.

경영은 항상 합리적 수준에서 이루어져야 하고 경쟁이 존재한다면 그들은 주어진 목표를 위해 일을 알아서 한다. 이 목표를 달성하기 위한 그들의 자격이 갖추도록 도와주고 교육시켜야 한다.

이것이 곧 시스템이다.

신선 식품 야채 과일 부서의 운영 전략

우리가 먼저 신선 식품 중 야채나 과일에 대한 중요성을 언급하였다.

만일 이 상품의 품질이 나쁘고 가격이 그들이 인정하는 수준이 아니라면 이 점포를 외면하게 된다. 통상 이 신선 식품을 운영하는 방식을 여러 방식이 있다.

낮은 품질을 정리 없이 던져 놓고 싸게 파는 형식의 점포와 중급 품질의 상품을 잘 정리해서 보다 높은 가격을 받는 점포 그리고 높은 품질의 상품을 잘 정리해서 높은 가격을 받고 파는 점포들이 있다.

1. 저 품질, 저가격, 무 전시
저 품질의 상품을 적은 인건비를 사용하여 낮은 가격으로 파는 형식이다.

이 방식은 전시할 경우 예쁘게 전시하는 것이 아니라 그냥 박스를 쏟아 붓는 방식으로 하므로 전시 속도가 빠르다. 그리고 낮은 가격에 팔아 판매 속도가 빨라 폐기되는 양이 아주 적다. 그리고 판매 후 남는 아주 저 품질의 상품은 걷어내어 폐기한다.
이런 가게는 고객들이 저의 저소득 층이다. 구매양은 많은 편이나 구매액은 그리 높지 않다.

2. 중 품질, 중 가격, 제품을 잘 정리해 파는 경우
중 품질의 제품을 중저가격으로 적당한 인건비를 투여해 파는 상점이다.

시장에서 고품질이 아닌 상품을 구매하여 중저가격으로 판매해 점포에 고객을 유인해 확보하는 전략을 사용하는 경우 사용한다.
인건비는 일부 사용되나 일정한 품질을 유지하기 위한 필요적 조치이고, 품질이 어느 정도 유지되어야 고객들이 이 점포를 인정한다.

혹 품질이 저하되는 제품은 저 가격으로 판매한다.

3. 고 품질, 고가격, 제품을 잘 정리해 파는 경우
고품질에 고가격에 고 인건비를 들여 전시하거나 가공해 파는 형식이다.

시장에 많은 상품들이 있지만 생산 시기나 운반 방법 날씨의 원인으로 품질이 항상 고 품질을 유지하지는 않는다.
하지만 이 전략은 단순히 판매 상품이 고 품질이라는 이야기가 아니다.
원 상품을 잘 정리하고 요리하기 직전의 2차 상품이나 직접 먹을 수 있는 3차 상품으로 만들어서 판다는 의미이다.

2차 상품   3차 상품

이렇게 하는 경우 많은 인건비가 들고 가격은 고가격이 된다.

4. 만일 위의 전략을 혼합해서 카테고리 별로 나누어 판매전략을 수립할 수 있다.
왜냐하면 단위 제품별로 가격의 수준이 비슷할 경우 소비자는 그 가격을 인정한다.
결국 야채는 최고급을 쓰고 일부 과일은 중급의 과일을 팔 수도 있고 야채의 일부는 고급을 들여와 2차 상품이나 3차 상품을 만들어 팔 수도 있다. 과일도 샐러드용은 고급품을 사용할 수도 있다.

이렇게 상점 전체를 같은 품질 수준으로 구성하여 운영할 수도 있고 카테고리 별로 나어 그 품질 수준을 만들어 갈 수도 있다. 하지만 상점 전체적 품질 수준은 목표로 하는 품질 수준과 기준을 지켜야 한다. 즉 그 품질 기준 이상의 품질을 가져야 한다. 만일 상점 전체의 품질 기준이 중상인데 하의 품질 기준을 적용한 상품 카테고리를 운영하면 손님의 불만이 생겨 이탈한다는 것이다.

점포에서 고객을 유치하고 유지하는 세일 판매 전략

전 장에서 점포에서 고객을 새로 만들고 유치하는 전략에 대해 이야기했다.

이번에는 고객에게 판매를 촉진하는 방법에 대해 알아보자.

통상 마켓은 여러 부서로 나누어져 있고 그 상품들은 손님들이 구입이 쉽도록 분류되어져 전시된다. 이 부서들은 일 주간 세일 프로그램을 가지고 있어 상품 매입을 월요일부터 금요일까지 하고 목요일이나 금요일에 할인 가격 판매가 시작되고 주로 주말에 판매가 집중된다.

그런데 이 모든 부서가 같은 기간에 할인 가격 프로그램에 있지만 모두 같은 전략을 선택해야 하는 것은 아니다.

그 전략은 주로 신선식품과 일반 식품으로 전략이 나누어진다.

그 신선 식품을 취급하는 부서는 주로 야채과일 부서와 고기 부서, 생선부서 등이 있다.

일반 부서는 그로서리, 빵 케익, 델리, 유가공품과 냉동으로 나눌 수 있다.

통상 야채 과일이나 고기, 생선 부서는 제품을 신선하게 팔기 위해서는 1~7일 이내에 판매가 완료되어져야 한다. 고기나 생선도 냉동으로 들어오는 경우는 보다 장기간 보관이 가능하다. 하지만 야채는 7일 이내, 과일의 경우 일부는 7일 이상의 보관이 가능하다. 따라서 어떤 경우에 공급량을 고려하여 초과 보유도 가능하다.

그러나 공급 물량이 여유로워 더 많은 물량을 보유하는 경우 제품의 품질 하락으로 인해 가격을 제대로 받지 못하거나 폐기량이 늘어나 손해를 볼 수 있다.

그러므로 목요일까지 팔 물량을 매입 완료하고 고객이 많이 방문하는 금, 토, 일요일, 주말에 다 팔아야 한다. 물론 이때 안전재고는 보유해야 한다.

그리고 과일은 가격과 관계없이 맛이 좋은 상품을 선택해야 한다.

여기서 매입과 매출 그리고 세일에 대해 분석해 보면 월요일부터 금요일까지 매입한 상품의 총액을 초과하는 시점부터 기존 세일로 판매되고 있는 제품의 수량과 품질을 확인한다.

이 말의 의미는 주간 상품 매입금액을 초과하는 시점부터 상품 판매 이익이 발생한다는 것이다. 따라서 얼마나 주말에 많은 수의 물건을 파느냐 하는 것이 관건이 된다.

여기서 우리가 알아야 할 개념은 야채나 과일은 시간이 지남에 따라 품질이 저하돼 동일한 가격을 유지하지 못한다는 것이다. 그러므로 보유한 제품의 가치가 얼마인지가 문제가 아니고 얼마나 많은 수의 물품을 보유하고 있느냐가 문제이다. 이 물건들을 안전 재고를 제외하고 모두 팔아야 한다.

그러므로 보유제품을 안전재고를 제외하고 다 팔기 위해서는 품질이 낮아질 경우 가격을 더 낮추어 팔거나 보유량이 많은 제품을 저 가격으로 팔아야 한다. 하지만 여기서 목표 이익률을 회손해서는 안된다.

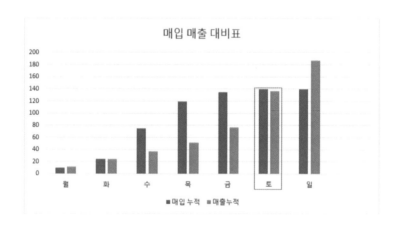

위의 차트는 매입액과 매출액의 누적을 그래프화 한 것이다. 매출과 매입이 거의 일치하는 요일이 토요일이다. 그러므로 일요일에 얼마나 많이 파느냐 하는 것이 매출과 매출 이익을 극대화한다는 개념이다.

그것을 계산하는 방식은 기존 매입액에 얼마를 더 팔면 매출액이 나오고 목표 이익에 달성할 수 있다는 것을 알아야 한다. 그렇게 하면 이 통제 방식으로 조절이 가능하다.

회사마다 구매 시스템과 세일 시기가 다르기 때문에 위에서 보여준 도표가 다를 수도 있다.

따라서 상품을 매입하는 개념을 알아보자.

월요일에는 전주에 완판되어 재고가 없는 경우 매입을 하게 된다. 그리고 안전 재고 이하로 내려가거나 안전재고를 보유해도 1~2 일 정도 판매할 제품을 구입한다.

화요일은 시장의 동향을 파악하기 위해 여러 종류의 물품을 소량 주문하고 장기 보관이 가능한 남미산 제품의 물건을 구매한다.

수요일은 야채나 과일 중에 선정하여 매입한다. 이때 창고 관리를 위해 일괄 구매한다.

목요일은 야채나 과일 중 수요일에 구매하지 않은 품목을 목요일에 구매한다.

금요일은 수요일과 금요일에 구매 신청했으나 상점에 도착하지 않은 제품을 재 구매한다.

보충적인 남방 물건을 구매한다.

토요일은 시장 외 지역에서 들여오는 특별한 물건을 구매한다.

위의 전략은 신선식품 특히 야채 과일에 대한 설명이었다.

그 외 고기와 생선도 거의 같은 맥락으로 구매를 유지해야 한다.

하지만 일반 그로서리나 유제품이나 냉동제품은 조금 다른 전략을 구사해야 한다.

일반적으로 이 제품군은 같은 제품은 포장이 동일하고 품질이 균일하고 가격이 동일하다.

단지 그 상품을 선택하는 기준은 유통기간에 달려 있다. 서로 상이한 날짜를 가진 같은 제품이 있다면 더 긴 유통기간을 가진 제품이 더 빨리 팔린다. 그러므로 만일 유통기한이 얼마 남지 않은 제품이나 품질이 약간 낮아지는 경향을 보이면 빨리 세일 프로그램을 만들어 팔아야 한다.

그 판매 가격은 원가와 일부 관리비를 회수하는 정도이면 된다. 이렇게 상품의 빠른 회전을 통해 신선한 동일의 제품을 들여와 야 한다. 그래야 고객으로부터 신뢰를 받게 된다.

예를 들어 그로서리의 경우 선반에 8개가 있고 통상 1주일에 평균 10개를 팔면 이번 주에 2개가 모자라게 된다. 5개가 들어있는 상자의 제품을 1 박스 도매상으로 주문해야 한다.

하지만 안전 재고를 고려하는 경우, 최대 판매량이 14개인 경우 재고가 14개 이상 있어야 하므로 5개들이 2개를 신청해야 한다.

그리고 일반적 오더 포인트를 설정해 놓으면 쉽게 구매량을 결정할 수 있다.

상점의 혁신적 변화(업그레이드) 전략

상점에서 팔리는 상품은 품질 수준(그레이드)을 가지고 있다.
그 상품은 카테고리와 품목에 따라 다른 품질 기준을 가지고 있다.

Table 2–Nomenclature for Selected USDA Food Grades

AMS Division	Food Product	Nomenclature for			
		Top Grade	2nd Grade	3rd Grade	4th Grade
DAIRY	Butter Cheddar Cheese Instant Nonfat Dry Milk	U.S. Grade AA U.S. Grade AA "U. S. Extra Grade"	U.S. Grade A U.S. Grade A	U.S. Grade B	
FRUITS AND VEGETABLES Fresh:	Cantaloupes Cucumbers Peas Potatoes Watermelons	U.S. Fancy U.S. Fancy U.S. Fancy U.S Extra No. 1 U.S. No. 1	U.S. No. 1 U.S. Extra No. 1 U.S. No. 1 u. S. No. 1 U.S. Commercial	U.S. Commercial U.S. No. 1 U.S. Commercial U.S. No. 2	U.S. No. 2 U.S. No. 2
Processed:	Fruits Vegetables	Grade A or Fancy Grade A or Fancy	Grade B or Choice Grade B or Extra Standard	Grade C or Standard Grade C or Standard	Substandard or cull Substandard or cull
POULTRY	Poultry Eggs	U.S. Grade A U.S. Grade AA or Extra Fancy	U.S. Grade B U.S. Grade A	U.S. Grade B	
LIVESTOCK	Beef	USDA Prime	USDA Choice	USDA Good	USDA Standard

SOURCE: U.S. Government, *Code of Federal Regulations*, 7CFR 46-57, Washington, D. C., 1976.

Nomenclature for Selected Federal and State Grades for Fruits and Vegetables

Product	Nomenclature for			
	Top Grade	Second Grade	Third Grade	Fourth Grade
Apples	U.S. Extra Fancy	U.S. Fancy	U.S. No. 1	U.S. Utility
Apples' (Washington)	Washington Extra Fancy	Washington Fancy		
Grapefruit (Texas)	U.S. Fancy	U.S. No. 1; U.S. No. 1 Bright; and U.S. No. 1 Bronze		
Grapefruit (Arizona & California)	U.S. Fancy	U.S. No. 1	U.S. No. 2	U.S. Combination
Grapefruit (Florida)	U.S. Fancy	U.S. No. 1; U.S. No. 1 Bright; and U.S. No. 1 Golden		
Onions	U.S. No. 1	U.S. Combination	U.S. No. 2	
Oranges (Texas)	U.S. Fancy	U.S. No. 1; U.S. No. 1 Bright; and U.S. No. 1 Bronze		
Oranges (Arizona & California)	U.S. Fancy	U.S. No. 1	U.S. Combination	U.S. No. 2
Oranges (Florida)	U. S. Fancy	U.S. No. 1 Bright; U. S. No. 1; and U. S. No. 1 Golden		
Pears (Summer & Fall)	U.S. No. 1	U. S. Combination	U.S. No. 2	
Pears (Winter)	U.S. Extra No. 1	U.S. No. 1	U. S. Combination	U.S. No. 2
Tomatoes	U.S. No. 1	U.S. Combination	U.S. No. 2	U.S. No. 3

'These are grades established by the State of Washington, not USDA.

SOURCE: Compiled from data furnished by Agricultural Marketing Service, USDA.

〈참조: diversity in current food grading www.princeton.edu ＞ ~ota ＞ disk3〉

앞장에서 고객을 유지하기 위한 전략으로 고객응대 서비스와 품질 관리에 관한 부분을 언급하였다. 그 방법은 고객들이 가게에 대한 이미지와 자신들이 방문하는 이유를 인식하게 하기 위해서 품질을 위주로 해야 한다는 것을 의미하는 것이다. 하지만 이번 장에서는 여러 부서의 상품들의 품질을 알고 있어야 점차 점포가 고급화되는 과정에서 상품을 바꾸어 갈 수 있는 능력이 생기는 것이다.

저번 장에서도 언급하였듯이 점포는 생존이 확인되면 그 판매를 촉진하기 위한 전략 구사가 가능해진다. 따라서 좀 더 많은 상품이 들어오고 상품의 품질이 점차 높아진다. 그러면 일부 상품의 가격이 올라가게 되어 가격에 불만을 가진 고객의 일부가 이탈하고 보다 높은 수준의 고객이 늘어난다. 이때 매출이 조금 하강하게 된다. 이런 매출의 하강은 고객의 수준이 바뀌는 것을 의미한다. 이런 과정을 몇 번 거치면 상점의 안정화를 가져오고 고객수가 줄지 않으며 안정적인 운영이 가능해진다. 이때 다른 점포를 새로 오픈할 새로운 힘이 생긴다.
만일 지금 사업이 정체되어 있고 성숙기의 피크가 아니라면 시스템의 변화를 추구해야 한다,

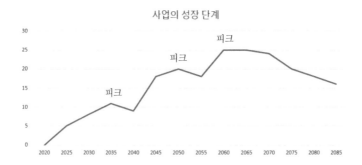

사업의 성장 단계

여기에서 품질과 관련해 사업의 혁신적 변화(업그레이드) 과정은 3개정도가 보여준다.

하지만 일반적인 경기 변동인 인플레이션 과 디플레이션에 의한 매출의 상승과 하강은 여러 번 나타날 수가 있다. 이런 국가 경제 정책이나 사회적 변화에 의한 경기 변동이 아닌 사업의 정책이나 변화에 적절하게 적응하지 못해 일어나는 사업의 위축과 팽창 변곡점 변동을 잘 견뎌야 사업이 생존하고 성장해 가는 것이다.

점포의 고객 유지 전략

점포는 여러 부서가 같이 있다.

이들 부서들은 서로 다른 성격의 상품을 팔고 있고 손님들의 선호도도 각기 다르다.

점포에서 손님을 유인하는 전략은 어떤 것이 있을 까?

점포 운영에 있어 고객을 새로 유치하고 유지하는 것이 매우 중요하다.

그것의 이행에 중요한 것은 **고객 응대 서비스와 상품의 신선도**이다.

고객 응대서비스는 단순하게 친절하게 고객에게 응대하는 것이 아니다.

고객은 여러 형태로 직원에게 질문을 한다. 이러한 질문에 대해 적절한 방법으로 대응을 해야 한다. 결국 손님의 유형을 알고 응대해야 적절한 대응이 되는 것이다.

가령 손님이 그로서리 파트에서 어떤 물건을 찾았다고 하자. 그런데 손님이 발견할 수가 없어 직원에게 질의하는 경우 그 대응 방법이 여러가지다.

답으로 하면 1. 모르겠다 2. 알아보겠다 3. 관리자에게 물어봐라 4. 관리자 불러 줄 테니 물어봐라.

여기서 손님들이 느끼는 것은 여러가지다.

혹 다른 상품에 대한 정보를 물어보는 경우 구성물과 영양성분에 대한 표를 읽는 방법을 잘 알아야 한다. 결국 사전 교육이 되어 있어야 한다는 것이다.

상점에서 고객 응대 서비스를 잘 하라고 말하지만 실상 어떻게 해야 하는 지에 대한 구체적 설명이 없다. 간혹 상품을 전시하는 업무를 담당한 직원은 너무 바빠서 장시간 손님을 응대하기 어려운 것이 사실이다. 이러한 문제를 해결하기 위해 관리자가 적극적으로 지원을 해야 하는 체계를 갖추어야 한다. 하지만 이런 체계를 갖추고 실천하기가 어렵다. 이러한 현상은 그렇게 해야 하는 것은 알지만 어떻게 해야 한다는 것을 모른다는 것이다.

상점의 신선도를 유지하는 전략은 상점의 발전 단계와 관련이 있는 부분이다.
상점을 오픈하고 바로 고급 상품을 파는 경우는 드물다. 물론 있었던 점포의 재 오픈은 다르다
먼저 그 상권내의 고객의 분포를 파악하고 신선식품의 품질 수준을 결정해야 한다.

통상 상점은 중저가의 신선 식품을 매입해 물건의 값을 저렴하게 파는 전략을 시도한다.
그래야 손님을 모으고 그 손님들을 내 손님으로 만들기 때문이다. 이때 한번의 판매 최고점(Peak)이 만들어 진다. 그후 이러한 손님들이 생존성을 만들어 주면 품질을 올려 중가의 품질로 상품을 판매해야 한다. 이때 손님의 일부가 이탈하고 신규 손님이 만들어진다. 이때 판매 최고점이 일시적으로 내려간다. 이 정책을 고수하여 성공하면 다시 판매 최고점(Peak)이 만들어진다. 그후 다시 점포를 업그레이드시키면 품질이 고품질이 되고

일부 손님이 이탈하게 된다.

그 이후 더 좋은 품질을 원하는 고객들이 만들어진다. 이러한 3번의 과정이 이루어지면 상점의 손님이 안정화되고 충성심 높은 고객들이 만들어진다. 그리고 점포도 안정적 운영이 가능해진다. 그래서 그들과의 관계가 돈독해지고 서로 신뢰를 가지는 사이가 되는 것이다.

여기서 내가 신선식품에 관한 이야기를 했다. 결국 수퍼마켓에서의 꽃은 야채 과일 부서다.

이는 상점의 품질을 결정하고 보여주는 부서이기 때문에 고객들이 쉽게 알 수 있고 느낄 수 있기 때문이다.

그리고 정육 부서나 생선 부서의 품질인 맛과 신선도 유지도 중요하다.

이 야채 과일 부서나 정육 생선 부서의 품질 관리와 그 응용 전략을 잘 이용해야 한다.

회사의 사활은 직원의 고객응대 서비스와 품질관리에 달려 있다.

점포의 개선

점포의 매출을 향상시켜 생존성을 높이기 위해서는 많은 노력이 필요하다.

하지만 한정된 자원을 효율적으로 사용하여야 한다는 사실을 잊어서는 안된다.

먼저 무엇을 해야 하는 지 알아보자.

점포의 생존성을 개선하려는 이유가 발생하면 사람들은 먼저 가게에 자원을 투자하려고 한다. 먼저 물건을 준비하고 카테고리를 정리를 한다. 그리고 멋있게 꾸미기를 원한다.

그러나 손님을 기다려도 오는 손님은 그냥 그 손님이다.

개선을 시도하는 사람들은 가게를 잘 정리하면 손님들이 올 것이라고 생각한다. 하지만 먼저 방문 후 다시 재방문하지 않는 손님은 옛날의 불편했던 그 가게로 인식한다. 그러니 이 개선된 가게를 알리는 것이 급선무다.

그래서 새로 가게를 만드는 경우 그 자리에 점포가 새로 개설되었음을 알려야 하고 그 가게의 품질 수준을 알려야 한다.

만일 인수 재 개설의 경우라고 한다면 재 개설 사실과 개선된 점포를 알려야 한다.

이런 광고 선전은 신문이나 광고 선전지를 전문으로 하는 업체에 의존하게 되는 데 상당한 비용이 지출된다.

이렇게 비용이 많이 들어가는 광고 선전에 계속적으로 투자한다면 투자에 비해 얻는 것이 적을 수도 있다. 하지만 이런 투자는 초기에 자신의 시장에 필수적으로 해야 하는 요소이다, 이런 매몰 비용은 투자에 대해 철저하게 성과를 분석해야 다음 번 투자에 신중을 기할 수 있다.

또한 기존의 점포가 경기 변동이나 인구 변동 또는 특정 계층이 이동하는 경우, 또 재개발이나 도시 구조 변경으로 장기간 주변인구의 활동이 장애를 받는 경우 매출이 급감할 수 있다.
이때도 역시 점포의 개선의 이유가 발생한다.
점포의 규모를 주변이 정리되거나 경기 회복이 될 때까지 일시적으로 줄이거나 다른 업종으로 변화할 수도 있다.

또 다른 선택은 신설이나 재 개설 시 점포의 규모를 주변의 불특정 다수의 소비자를 위한 것이 아니고 특정 소비자에 맞추어 오픈하는 것이다. 통상 상점은 대개 원 스톱 쇼핑에 중점을 두기 때문에 일정 규모 이상으로 개설하고자 한다.
예를 들어 대학가 주변에 마이크로 오븐을 구비하고 간편 요리를 직접 할 수 있는 편리한 상점을 개설한다면 주변에 많은 젊은 대학생들이 이용할 확률이 높아진다. 그리고 주변의 직장인들도 이용 가능성이 높다. 이렇게 주변의 환경과 사회적 변동을 분석하여 체인점화 하면 적은 인건비와 운영비로 수익성 있는 사업을 할 수가 있다.

성장 전략의 주요 요소

상점의 고객의 수가 늘지 않아 점포의 성장에 문제가 발생하였다. 어떤 방법을 써야 할까?

매출 실적을 좋게 하기 위해 상품의 단가를 올리거나 더 많은 상품 수를 팔아야 한다.

이미 앞장에서 매출을 산출하는 공식을 보여주었지만 다시 한 번 보여주면 아래와 같다.

매출 = <u>방문고객의 수</u> X 고객 당 구매액 = <u>방문고객의 수</u> X 제
　　　　　　(고정)　　　　　　　　　　　　　(고정)
품 평균 단가 X 상품 수

고객의 수가 정체되어서 상품 단가를 올려 매출을 올리려고 한다. 하지만 가격을 올리는 경우 가격에 비해 상품의 품질을 고객이 만족하지 않으면 고객이 이탈하거나 상품 판매수가 줄어든다.

다른 수단은 상품의 가지수를 늘려 판매 확률을 높이는 것이다. 이때 소비자의 욕구나 원하는 상품을 늘려 구비해야 한다. 이 상품은 보유하지 못한 필수적인 새로운 상품을 추가로 구매하고 전시해야 한다. 새로운 상품은 품질을 철저히 관리하여 판매 순환이 순조롭게 될 때까지 관리하여야 한다. 그렇지 않으면 폐기량이 판매량 보다 많아 매출은 증가하나 이익이 줄어든다.

또 다른 수단은 기존 상품의 판매 회전율을 높이는 것이다. 그것은 그 상점의 전체 품질 수준이나 특정 상품의 품질 수준을 높여 고객을 유인하고, 판매 촉진 전략을 통해 매출 촉진을 해야 한다. 그리고 이 품질 향상을 고객들에게 인식시켜야 한다. 이 인식시키는 과정은 최소 몇 개월의 기간이 소요될 수도 있다.

여기서 품질의 향상이란 점포의 분위기를 바꾸는 것이 아니고 상품의 개별 품질을 올리는 것이다. 이렇게 하기 위해서는 현재 물품을 공급하는 도매상이나 중간상 보다 공급 능력과 품질이 좋은 거래처를 확보하거나 기존 도매상에 좋은 품질의 물품을 공급하도록 요청해야 한다. 그래야 좋은 품질의 상품과 공급 능력이 안정적 공급처가 확보되고 상품의 품질 수준을 높일 수가 있다. 상품의 품질을 잘 유지할 수 있도록 직원을 교육시키고 지도해야 한다. 만일 직원이 업무를 소홀이 해서 품질이 나쁘거나 유통기한을 지난 물품을 팔게 되면 품질 저하로 신뢰가 떨어지고 고객이 떠나게 된다. 매출이 성장하는 요소는 상품 관련해 품질 향상, 제품 수의 증가와 변형 상품, 다른 요소로

비즈니스 바이블

직원 교육이다.

성장 요인	품질 향상
	상품의 증가와 변형
	직원의 교육

9장
품질

사업 소매업 생존성 상품 직원
소비자 분석 전략 품질 보고서

신선 식품의 품질 수준 결정

점포를 운영하는 입장에서는 많은 이익이 발생하기를 바란다. 하지만 그들은 많은 자원을 투여하기를 원치 않고 초기에는 예산을 초과하는 과다 비용 발생의 불안감이 존재한다. 따라서 그들은 싼 상품을 구매하기를 원한다. 그래서 싸게 팔면 손님이 몰려올 것이라고 생각을 한다.

이때 싼 상품이란 개념을 먼저 알아야 한다. 이 싸다는 개념을 매우 신중하게 생각해야 한다. 통상 시장에는 공급과 수요에 의해 가격이 결정된다.

시장의 도매상은 매일 상품들이 밀려 들어오고 그들은 그것을 팔아야 한다.

구매자의 구매양이 적으면 보유량 보다 판매량이 적어 재고량이 증가한다.

이때 그들은 선 입고된 상품의 품질이 저하되면 가격을 내려 팔려고 한다. 그렇게 하면 판매 속도가 나고 오래된 물건을 빨리 판매할 수가 있다. 이렇게 도매상은 같은 상품을 가지고 있더라도 품질에 따라 가격이 다를 수가 있다. 또한 입고 예정된 물량이 있는 데 아직 재고가 남아 창고 여력이 없다면 기존 물량을 낮은 가격에 처분해야 한다는 의미이다. 이 가격의 변동은 하루 동안에도 발생한다.

이렇게 구매 상품의 품질과 가격의 변동을 이용한 판매전략이 있다.

이는 점포의 품질 수준을 결정해 고객을 모으는 전략일 수도 있다. 이 전략은 경쟁 점포와 주변 상점의 수준을 고려해야 하고, 점포의 발전 단계와 관계가 있다.

점포의 발전 단계는 시작 단계, 성장 단계, 성숙 단계, 쇠퇴 단계이다.

초기 시작 단계는 손님을 유인하기 위해 저가 전략을 사용한다. 이때 품질은 고품질 일 수가 없다. 가격은 다른 경쟁 점포보다 낮은 가격으로 판매하지만 상품의 품질은 저 품질이 어서는 안된다. 그 상품의 가지는 판매액이 가지는 품질 보다 높은 품질이어야 한다. 이때 구매하는 품질을 철저하게 관리하여야 한다.

주변 상점들이 고품질 고가격 정책을 하고 있다면 중 품질, 저 가격 정책이 성공할 가능성이 매우 높다. 왜냐하면 높은 수입을 가진 고객들은 고 품질이면 가격에 대해 관대하지만 중간 수입의 고객은 적정한 품질에 맞는 가격이라면 수긍을 한다. 이때 품질이 급격히 하락한 제품은 일정 수익율 보다 낮은 가격이나 원가 또는 원가 이하의 싼 가격으로 처분해야 폐기로 인해 발생하는 비용을 절감할 수 있다.

딸기 품질	원가	판매가	판매량	수익	
고품질	1500	3000	700	1,050,000	
고품질	1200	2500	900	1,170,000	품질 수준에 따른 판매수량 비교
중품질	1200	2500	808	1,050,400	

야채 과일부의 품질 시스템의 설계와 유지

먼저 회사는 지역의 특성에 따라 점포의 품질 수준을 결정해 주어야 한다.

점포에서 품질 시스템을 유지하는 것은 매우 중요하다.
이 시스템은 점포가 발전되는 과정에서 자연적으로 형성된다.
하지만 이 시스템을 사전에 설계하여 발전시킨다면 점포의 발전은 보다 빠를 수 있다.
회사는 지역 점포의 품질 수준을 결정해 주어야 한다. 그리고 주어진 품질 수준을 관리자에게 알려 주어야 한다. 이 시스템 설계는 본사가 그리고 운영은 관리자가 한다.
결국 이 시스템을 운영하는 주체는 관리자고, 품질 시스템을 완성해 가는 자는 직원이다.

이 시스템을 운영하는 주체가 관리자라고 했다. 그리고 그는 자기가 관리하고 있는 부서의 품질 수준을 유지해야 한다. 이 수준의 고려는 상점 전체의 품질 수준과 고객의 수준을 고려해야 한다.

상점 전체의 품질 수준은 다른 부서인 정육부 생선부와 같은 신선 식품 부서들이 어떤 수준인가를 먼저 알아야 한다. 하지만 통상적으로 야채 과일 부서가 상점의 품질 수준을 결정하는 것이 일반적이라 다른 부서 보다 높게 품질 수준을 만드는 것이 상식이다.

또한 구매자인 고객의 수준을 결정해야 한다. 무조건 고 품질을 유지한다고 고객의 구매력이 좋아지는 것은 아니다. 너무 고 품질을 하게 되면 가격이 높아져 쉽게 손님의 수가 늘지 않는다.

따라서 그들의 소득 수준과 소득의 분포를 계산하여 그 품질 수준을 결정해야 한다.

이런 결정을 통해 적정한 품질의 수준이 정해지면 관리자는 상품의 품질을 적정하게 유지할 수 있도록 직원들의 품질 교육을 해야 한다. 이는 시간이 가면서 직원들이 자연적으로 얻게 되는 품질 관리 기술을 인위적으로 빠르게 만들어 가는 과정이며, 혹 잘못된 품질 관리 기술을 수정하는 과정이다.

이렇게 어느 정도 품질 수준이 결정되면 관리자는 다른 업무에

우선하여 품질 관리를 해야 한다.

일일 업무로 매일 아침 제품의 품질 상태를 확인하고 품질이 저하된 상품을 골라내야 한다.

이렇게 하는 이유는 전날 판매가 잘 된 경우 저 품질의 물건이 남아 있어서 선별하기 매우 쉽다.

그리고 제품의 품질이 저하되면 제거하고, 정기적으로 신규로 매입하여 직원에게 고 품질을 만들도록 해야 한다. 이 방식은 정기적 밀어내기 방법이다. 입고되는 물품은 품질 위주로 검수를 철저히 하고 만일 품질 수준이 만족하지 않으면 반환 처리한다.

선반에서 제거된 품질이 저하된 제품은 팔기 어려운 제품은 폐기하고, 일부 저 품질은 선별하여 저 가격으로 판매를 한다. 이때 그 상품은 선반의 상품 보다 품질 수준이 현저히 낮아야 한다. 계속 그 차이가 크지 않으면 손님은 선반의 상품을 사지 않고 저렴한 가격의 상품을 사려고 기다린다.

이런 활동을 꾸준히 하여 고객들이 상품의 품질을 확인하지 않고 구매할 때까지 계속 수행 되어 져야 한다.

신선 식품 관점에서의 전사적 품질 시스템의 설계

품질 시스템을 전사적 입장에서 설계를 먼저 해야 한다.

이 시스템이 적용되는 범위는 다양하다. 여기서는 생산자가 존재하는 신선식품에 대해 품질 시스템을 알아보자.
생산자로부터 운반자 그리고 도매상 그리고 구매부서에서의 품질 관리는 매우 중요하다.

생산자는 FDA 나 농무성에서 제정한 규제 조항을 준수하여 농산물을 생산한다.
통상적으로 생산자는 미국의 경우 FDA의 인증을 받게 되는데, 이는 농약 등 비 공인 화학 비료의 사용이나 오염된 자연 비료의 사용을 제한하고, 살모리나, O15B와 같은 병원균의 발생을 감지하여 소비자에게 알려 준다.

그리고 운반자는 적정한 장비를 이용하여 물건을 운반한다.
운반 시 적정 온도를 유지하고 품질이 저하하는 것을 방지해야 하며, 오염되지 않도록 위생규칙에 입각하여 운반해야 한다.
이렇게 운반된 제품을 중간상이나 도매상이 인수하게 된다.

중간상이나 도매상은 운반자가 운송한 제품의 품질 상태를 확인하고 인수한다.

이는 판매시까지 창고에 보관해야 하는 데 품질 저하가 발생하지 않도록 제품에 따라 적정한 관리 방법을 가지고 있어야 한다.

이제 판매가 이루어지는 경우, 일반 구매자 또는 회사의 구매 부서 직원은 중간 상이나 도매상의 물건을 품질 확인하고 구매한다. 이때 항상 상급 품질의 물건을 구매하는 것을 원칙으로 하지만 일기나 공급량 저하로 인해 가격이 상승해 유통 장애가 생겨 품질의 상태가 상급 품질이 아닐 수도 있다. 가격은 수요에 비해 공급이 적으면 가격은 올라간다.
이때 품질 관련하여 가격이 비싸다면 소량만 구매해야 한다.

언제나 항상 최상의 상품을 준비할 수 있도록 모든 과정에서 품질 위주로 관리를 해야 한다. 만일 이것을 실패하면 고객이 이탈한다.

단계	생산자	운반자	도매상	구매자	판매자
품질 통제	생산자, FDA	운반자	도매상	구매상	판매자
품질 확인	운반자	도매상	구매자	운반, 판매자	소비자
가격 결정	생산자	생산자	도매상	도매상	판매자

이 흐름에서 구매자가 매입하는 품질이 소비자에게 최종적으로 전달되는 품질을 결정하는 요소가 된다. 따라서 구매부서가 구매하는 품질은 항상 최상의 품질을 유지해야 한다. 그렇지 않고 품질이 저하되면 소비자에게 판매되는 판매량의 감소를 초래할 수도 있고 가격도 적정 가격 이하로 판매하게 되어 매출 극대화 내지 이익 극대화를 달성하기 어려워진다.

소비자에게 최종적으로 판매하는 판매자는 품질을 잘 고려하여 가격 결정을 해야 한다.

그렇게 하는 것이 폐기로 인한 손실을 줄이는 것이다.

통상적으로 최대 판매가 이루어지는 금토일에 품질이 최상이 되도록 관리해야 하며 최대 판매액을 기록하는 날을 지낸 새로운 주기의 시작일에는 재고가 안전 재고를 제외하고 영에 가까워야 한다.

통상 매출을 높일 목적으로 계속 같은 가격으로 판매를 시도하는 경우 제품의 품질이 극도로 저하 되어 폐기하는 경우가 발생하면 품질 관리 실패와 재고 관리 실패로 매출 극대화와 매입극

비즈니스 바이블

소화 그리고 이익 극대화를 달성하기 어려워진다.

따라서 새로운 관리 주기가 시작되는 요일에는 금액보다 재고 수량에 맞추어 관리를 해야한다.

직원의 품질 관리 교육

직원에게 품질에 관한 개념을 주입시키는 것은 쉬운 일이 아니다. 어떤 직원은 잘 훈련되어 있으나 일부직원은 요구되는 품질 개념에 부적합하다.

품질에 관한 개념은 가정에서 군대에서 사회에서 배워가는 과정이고 얻어지는 습성이다.

그리고 민족성이 가지는 부분이기도 하다. 제품을 만들어도 마무리가 매우 매끄럽게 완벽하게 만드는 것은 정말 어렵다.

선반을 정리하는 방법
1. 전부 팔려서 빈 선반을 우선적으로 채워 놓아야 한다.

2. 카테고리 별로 물건을 전시한다.

3. 선반의 모든 물건을 빈 상자로 모두 옮기고 이 과정 중에 저 품질이나 폐기할 물품은 분리 제거한다. 제거된 것 중에 저 품질은 봉지에 담아 저가로 판매하고 폐기할 물품은 폐기한다.

4. 새로운 상품을 밑 부분에 넣고 걷어낸 상품은 위에다 놓아 **상품 순환**을 한다.

이때 판매량을 고려하여 풍부하게 보이도록 공갈(더미) 박스나 기타 물품을 사용하여 많아 보이도록 한다.

5. 한 카테고리가 정리되면 모두 이와 같은 방법으로 다른 카테고리에서 반복으로 작업한다.

6. 혹 다른 곳에 작업이 마무리되면 주변을 잘 정리하여 **카테고리 전체의 정리 상태**가 깨끗하게 보이도록 한다.

위에서 직원이 반복적으로 해야 할 작업은 상품의 순환이다. 그리고 주변이 동일하게 신선한 상태를 하고 있어야 한다는 것이다. 상품의 순환을 통해 품질을 유지할 수 있다. 그리고 그 주변이 동일하게 정리되어져야 카테고리 전체가 깨끗해 보인다.

책임감 부여

직원에게 책임감을 부여하는 일은 매우 중요하다.

왜냐하면 책임감 없이 그날 지시 작업을 한다면 그들은 작업의 품질이나 속도에 그다지 억매이지 않는다. 그렇다고 직원에게 스트레스를 주고자 하는 것은 아니다. 이렇게 책임감을 주는 일은 그에게 자신의 맡은 부분에 대한 전문적 지식을 습득하게 하는 방법인 동시에 품질 능력을 향상시키는 일이다. 이 방법은 직원의 수에 따라 담당 구역을 분리해서 분담시킨다. 그리고 그들의 작업이 익숙해질 때까지 일일 단위로 그들의 작업을 확인

해야 한다. 이 확인 과정을 거치지 않으면 나태해 원래의 작업
돌아가 버린다.

작업의 완결성

작업을 하는 작업자는 시간제로 일하는 경우 업무 시간이 종료
되면 그냥 작업을 중지하고 퇴근하는 경우가 많다. 작업이 정리
되지 않는 경우 많은 문제를 낳게 된다. 일단 통로에 제품이 쌓
여 있어 고객의 이동 통로를 방해하고, 계획된 이동통로로 고객
이 이동하지 못해 돌아가게 되면 제품의 판매 저하를 일으킨
다. 장시간 바닥에 놓을 경우 위생적 문제와 품질 저하 문제가
생긴다.

그리고 작업 도구와 상품에 의해 사고를 일으키게 된다.

그래서 시간을 잘 활용해 자신의 작업이 완결되도록 훈련시켜
야 한다.

조직력의 강화

부서내의 조직력 강화는 매우 중요하다. 일체 의식이 없으면 개
인적 행동으로 자신의 업무 이외에는 도외시한다. 하지만 같이
일하고 같이 먹고 같이 놀며 동질감을 심어 주면 그들의 생각
이 바뀐다. 이는 회사라는 큰 조직으로 일체감을 만들기는 어려
우나 하부 단위 조직인 부서에 대한 충성심이 길러지고 동료와
같이 일하게 되어 업무 효율이 늘어난다.

점포에서의 일은 항상 유동적이다. 잠시 누군가를 도와줘야 하

고 도움을 받아야 한다.

그런 조직력 강화를 통해 요구되지 않아도 자발적으로 일할 수 있는 적극성이 길러진다.

위생 개념의 주입

이 위생 개념은 사회가 가지는 가치관과 그 사회의 수준에 따라서 달라진다. 통상적으로 외국에서 다른 인종들이 운영하는 점포를 방문하면 그 민족에 따라 위생 상태가 다르다. 특히 중국인들이 경영하는 점포는 심각성을 가진다. 이렇게 일하는 직원이 어느 나라 사람인가하는 것은 매우 중요하다. 그것은 그 사람이 태생적 성장과정 중에 배운 위생관념이 베어 있기 때문에 무의식 적으로 점포에 그대로 묻어 나온다.

이런 위생 수준이 낮은 점포는 위생 수준이 높은 고객들은 찾기가 어려워진다.

따라서 직원에게 공통적으로 느낄 수 있는 수준의 위생 관념을 가르쳐야 한다.

이 위생 관념은 품질 활동과 깊은 연관이 있다.

10장
보고서

사업 소매업 생존성 싱품 직원
소비자 분석 전략 품질 보고서

판매 보고서의 작성

상점에서 판매가 이루어지면 결과와 분석을 위해 판매 보고서를 작성해야 한다.

이 보고서는 이미 과거에 일어난 거래(트랜젝션)의 결과를 기록한 것이다.

이 안에는 무궁무진한 정보들이 숨어있다.

이 정보를 활용하기 위해 잘 정리된 판매보고서가 필요하다.

이 보고서를 통해 현재의 운영상태를 확인하고 미래의 변화 전략을 만들어 내야 하는 것이다. 따라서 이 보고서의 작성과 유지 분석은 매우 중요한 업무 중 하나이다.

하지만 만들지 않거나 만들어도 분석하지 않고 보고 지나 간다면 작성할 이유가 없는 것이다.

그래서 이 보고서의 작성과 분석이 매우 중요한 것이다.

이를 통해 전략을 도출할 수 있다.

1. 판매를 마감한 기본 자료

점포를 1일 또는 단위 기간당 운영 후, 판매에 이용된 컴퓨터를 마감하면 판매 보고서를 작성한다.

이 일일 보고서는 **부서별로 판매금액, 부서별 고객의 수, 부서별 판매한 제품의 수**, 그리고 점포의 **총 판매 금액, 점포의 총 고객 수, 전체 판매된 제품의 수**와 같은 항목들의 합계를 보여준다. 만일 점포의 정보가 안 주어지고 부서별 정보만 주어진다면 그 항목별 합계가 점포 전체의 정보가 될 것이다.

2. 우리가 필요한 정보를 얻기 위해 이 정보를 가공하여 새로운 보고서를 만들어 보자.

우리가 필요한 정보는 다양하다. 그리고 그 정보가 담은 의미는 무한하다.

1) 일일 판매 보고서

 일일 판매 보서는 점포에서 전날 판매된 상품 판매액과 고객의 수, 팔린 상품의 개수, 그리고 부서당 고객수를 나타낸다.

점포를 전체를 기준으로 계산해야 할 정보는 **1인 고객 당 구매액, 1인당 상품 구매수, 1 인당 구매 상품 평균 단가**를 계산한다.

계산 방법은 다음과 같다.

1인 고객당 구매액 = 판매금액/고객수
1인당 상품 구매수= 판매 상품 수/고객수
1 인당 구매 상품 평균 단가= 판매금액/판매 상품수

이 자료는 판매 동향을 파악하는 데 매우 중요한 자료로 축적을 해야 한다.

부서에서 필요한 자료는 점포 전체에서 판매된 정보를 기준으로 **부서의 판매 금액, 고객의 수, 팔린 상품 개수를** 기준으로 각각의 비중을 계산한다.

이는 매주 판매되는 요일 별 판매비중으로 정상적으로 판매되는 가를 확인하는 과정이다.

이 비중의 결과는 현재 소비되는 비용의 비중과 비교하여 그 성과가 더 우수한지를 알아보는 지표이다. 이는 부서별 관리자의 성과를 판단하는 요소이다.

판매 비중 계산 방식은 다음과 같다.
부서의 판매 비중=부서의 판매액/점포의 판매액

부서의 고객 비중= 부서의 고객수/점포의 고객수

부서의 판매 상품비중= 부서의 팔린 상품의 수/점포에서 팔린 상품의 수

이때 각 부서의 고객의 수의 합계는 점포 전체의 수의 합계와 일치하지 않는다.

왜냐하면 점포를 방문한 고객은 중복해서 부서에서 다수의 물건을 사기 때문에 집계가 다르게 나타난다.

부서	분류	52 주차				1 주차							
		12/31/2020	1/1/2021	1/2/2021	Total	1/3/2021	1/4/2021	1/5/2021	1/6/2021	1/7/2021	1/8/2021	1/9/2021	Total
전체	매출액	4,500.00	4,000.00	4,600.00	13,100.00	4,400.00	4,300.00	4,450.00					13,150.00
	고객수	1,200	1,000	1,200	3,400	1,100	1,150	1,175					3,425.00
	판매상품수	10,000	8,000	11,000	29,000	9,800	9,500	9,800					29,100.00
	인당 구매액	3.75	4.00	3.83	3.85	4.00	3.74	3.79					3.84
	인당 구매수	8.33	8.00	9.17	8.53	8.91	8.26	8.34					8.50
	상품당 단가	0.45	0.50	0.42	0.45	0.45	0.45	0.45					0.45
부서1	매출액	1,800.00	1,600.00	1,880.00	5,280.00	1,775.00	1,750.00	1,775.00					5,300.00
	고객수	800	700	810	2,310	750	700	710					2,160.00
	판매상품수	5,000	4,200	5,500	14,700	4,900	4,800	4,900					14,600.00
	매출비중	40.00%	40.00%	40.87%	40.31%	40.34%	40.70%	39.89%					40.30%
	고객비중	66.67%	70.00%	67.50%	67.94%	68.18%	60.87%	60.43%					63.07%
	판매상품비중	50.00%	52.50%	50.00%	50.69%	50.00%	50.53%	50.00%					50.17%
부서2	매출액	1,200.00	1,000.00	1,220.00	3,420.00	1,150.00	1,150.00	1,175.00					3,475.00
	고객수	600	550	610	1,760	575	590	580					1,745.00
	판매상품수	2,000	1,800	2,500	6,300	1,950	1,850	1,950					5,750.00
	매출비중	26.67%	25.00%	26.52%	26.11%	26.14%	26.74%	26.40%					26.43%
	고객비중	50.00%	55.00%	50.83%	51.76%	52.27%	51.30%	49.36%					50.95%
	판매상품비중	20.00%	22.50%	22.73%	21.72%	19.90%	19.47%	19.90%					19.76%
부서3	매출액	1,500.00	1,400.00	1,500.00	4,400.00	1,475.00	1,400.00	1,500.00					4,375.00
	고객수	750	720	745	2,215	725	700	725					2,150.00
	판매상품수	3,000	2,000	3,000	8,000	2,950	2,850	2,950					8,750.00
	매출비중	33.33%	35.00%	32.61%	33.59%	33.52%	32.56%	33.71%					33.27%
	고객비중	62.50%	72.00%	62.08%	65.15%	65.91%	60.87%	61.70%					62.77%
	판매상품비중	30.00%	25.00%	27.27%	27.59%	30.10%	30.00%	30.10%					30.07%

이 판매 보고서는 일일 작성되는 것으로 점포 전체에 부서별로 전시되는 상품의 금액이나 부서별 상품의 매입 비중을 산출해 부서별 판매 비중과 차이가 있는 지를 비교해야 한다.

이것은 각 부서별 판매 면적의 변경이나 기타 다른 부서별 조정의 근거가 된다.

3. 일일 보고서 중 부서별 항목에 비중이 아닌 **고객 당 구매액, 고객 당 상품 구매 수, 구매상품 평균 단가**를 계산한 판매 보고서를 쓰기도 한다.

이 일일 보고서는 나중에 마케팅 전략과 판매 전략을 위한 자료로서 매우 유용하다.

부서	분류	52 주차				1 주차							
		12/31/2020	1/1/2021	1/2/2021	Total	1/3/2021	1/4/2021	1/5/2021	1/6/2021	1/7/2021	1/8/2021	1/9/2021	Total
전체	매출액	4,500.00	4,000.00	4,600.00	13,100.00	4,400.00	4,300.00	4,450.00					13,150.00
	고객수	1,200	1,000	1,200	3,400	1,100	1,150	1,175					3,425.00
	판매상품수	10,000	8,000	11,000	29,000	9,800	9,500	9,800					29,100.00
	인당 구매액	3.75	4.00	3.83	3.85	4.00	3.74	3.79					3.84
	인당 구매수	8.33	8.00	9.17	8.53	8.91	8.26	8.34					8.50
	상품당 단가	0.45	0.50	0.42	0.45	0.45	0.45	0.45					0.45
부서1	매출액	1,800.00	1,600.00	1,880.00	5,280.00	1,775.00	1,750.00	1,775.00					5,300.00
	고객수	800	700	810	2,310	750	700	710					2,160.00
	판매상품수	5,000	4,200	5,500	14,700	4,900	4,800	4,900					14,600.00
	인당 구매액	2.25	2.29	2.32	2.29	2.37	2.50	2.50					40.50%
	인당 구매수	6.25	6.00	6.79	6.36	6.53	6.86	6.90					63.07%
	상품당 단가	0.36	0.38	0.34	0.36	0.36	0.36	0.36					50.17%
부서2	매출액	1,200.00	1,000.00	1,220.00	3,420.00	1,150.00	1,150.00	1,175.00					3,475.00
	고객수	600	550	610	1,760	575	590	580					1,745.00
	판매상품수	2,000	1,800	2,500	6,300	1,950	1,850	1,950					5,750.00
	인당 구매액	2.00	1.82	2.00	1.94	2.00	1.95	2.03					26.43%
	인당 구매수	3.33	3.27	4.10	3.58	3.39	3.14	3.36					50.95%
	상품당 단가	0.60	0.56	0.49	0.54	0.59	0.62	0.60					19.76%
부서3	매출액	1,500.00	1,400.00	1,500.00	4,400.00	1,475.00	1,400.00	1,500.00					4,375.00
	고객수	750	720	745	2,215	725	700	725					2,150.00
	판매상품수	3,000	2,000	3,000	8,000	2,950	2,850	2,950					8,750.00
	인당 구매액	2.00	1.94	2.01	1.99	2.03	2.00	2.07					33.27%
	인당 구매수	4.00	2.78	4.03	3.61	4.07	4.07	4.07					62.77%
	상품당 단가	0.50	0.70	0.50	0.55	0.50	0.49	0.51					50.07%

위의 보고서들을 여러 변수들로 나누어 만들 수도 있다.

  1) 요일별 판매분석

  2) 날씨별 판매 분석

  3) 계절별 판매 분석

4) 이벤트(휴일이나 특정일)별 판매 분석

5) 학교 일정별 판매분석

6) 민족별 판매분석(다민족인 경우)

7) 흑점 활동별 판매분석

8) 음력별 판매분석

9) 기타 판매분석

1년 중 분석 : 주 합계, 월 합계, 분기 합계, 년 합계

년차별 비교 분석 : 각년 주 합계 비교 분석, 각년 월 합계 비교 분석, 각년 분기 합계 비교 분석, 각년 년 합계 비교 분석

위에 제시된 보고서 중 혹 의문을 가지는 보고서들이 존재할 것이다.

이는 인간의 활동에 영향을 미치는 요소를 파악하여 그에 관련된 정보를 추출하고 자하는 것이다.

통상 우리는 요일에 따라 일을 시작하고 끝내는 움직인다.

날씨에 따라 움직임이 평상 보다 많을 수도 적을 수도 있다. 날씨의 흐리고 맑음 태풍과 폭설이 커다란 영양을 미친다. ㄴㅇㅊ 그리고 계절도 커다란 영향을 미친다.

그리고 특별한 이벤트에는 여러 요소와 상관없이 그들이 구매 활동을 한다.

또한 학교나 민족이 가지고 있는 스케줄에 따라 많은 사람들의

움직임이 달라진다.

그리고 흑점 활동에 따라 보이지 않는 전파의 파장이 달라져서 인간의 활동에 영향을 미친다.

음력에 따라서 활동에 영향을 미치는 사람들이 있다. 동아시아인들과 유대인들이 그에 속한다. 그리고 어부들도 음력을 사용한다,

이렇게 다양한 분석을 통해 고객의 동향을 파악해야 한다.

위의 보고서들은 고객의 구매 성향과 취향을 상품의 구매 자료를 통해 제시된 요소에 따라 어떻게 반응하는 지를 알아보고자 하는 것이다.

이러한 분석을 통계적으로 하고자 한다면 보다 정보의 수집, 관리, 분석을 할 수 있는 전문가가 필요하다.

요즘은 이동통신기기가 내 놓은 GPS 정보 또는 다른 개인 정보를 통합하여 인간의 활동을 예상하고 분석해서 비즈니스에 활용하고 있다.

일반적으로 SPSS (Statistical Package for the Social Sciences) (사회과학을 위한 통계 처리) 프로그램을 쓰기도 하는 데 전문 인력이 자료를 수집하고 분석해야 한다.

판매 보고서는 여러가지 기능이 있다.

첫째: 판매 동향을 파악할 수 있다.

둘째: 판매 개선이나 하락이 이루어지는 요소를 파악할 수 있다.

셋째: 매입 비중과 판매 비중의 비교를 통해 매입의 오류를 판단할 수 있다.

만일 판매 비중이 매입 비중 보다 낮다면 제품의 크레딧이나 반품을 확인해야 한다.

넷째: 각 자료를 분석하면 담당 부서장의 인사 고과 자료를 추출할 수 있다.

위의 판매 보고서가 만들어진 후 작성하는 것은 매우 쉬운 일이다. 하지만 데이터를 수집하고 관리하고 분석하기 위해서는 그 관리적 절차나 분석 설계가 잘 되어져 있어야 하고 분석자가 보다 전문적인 분석 기술을 가지고 있어야 한다.

경영 성과 보고서

우리는 3장 생존성 부서별 생존 가능 이익률에서 제시한 분석 자료가 있었다.

그로서리		야채 과일		유제품 냉동		델리		생선		고기	
	8,575.52		6,390.24		3,144.68		1,574.24		1,788.12		4,363.20
0.2	3,888.00	0.2	3,024.00	0.2	2,160.00	0.2	864.00	0.2	1,440.00	0.2	3,024.00
0.3	5,832.00	0.3	4,536.00	0.292	3,153.60	0.3	1,296.00	0.249	1,792.80	0.25	3,780.00
0.35	6,804.00	0.35	5,292.00	0.3	3,240.00	0.365	1,576.80	0.3	2,160.00	0.289	4,369.68
0.4	7,776.00	0.4	6,048.00	0.35	3,780.00	0.4	1,728.00	0.35	2,520.00	0.3	4,536.00
0.442	8,592.48	0.423	6,395.76	0.4	4,320.00	0.442	1,909.44	0.4	2,880.00	0.35	5,292.00
0.45	8,748.00	0.42	6,350.40	0.45	4,860.00	0.45	1,944.00	0.442	3,182.40	0.4	6,048.00
0.5	9,720.00	0.5	7,560.00	0.5	5,400.00	0.5	2,160.00	0.45	3,240.00	0.45	6,804.00
	TRUE		TRUE		TRUE		TRUE		TRUE		TRUE

위 표는 부서별로 발생하는 비용을 상쇄하는 이익률이다.

따라서 주간별로 경영 성과를 기록하고 분석하여 자금의 고갈로 사업의 중단이 발생하지 않도록 해야 한다. 이를 확인하기 위해 경영 성과 보고서를 만들어야 하는 데 다음과 같이 보고서를 만들어야 한다.

2020 Super Fresh		1 Wk	2 Wk	3 Wk	4 Wk	5 Wk	6 Wk	7 Wk	8 Wk
		1228-0103	0104-0110	0111-0117	0118-0124	0125-0131	0201-0207	0208-0214	0215-0221
Total (w/Supply)	Purchse	57.50	67.50	67.50	67.50	67.50	50.00	50.00	50.00
	POS Sale	130.00	161.00	161.00	161.00	161.00	147.00	147.00	147.00
	Profit	72.50	93.50	93.50	93.50	93.50	97.00	97.00	97.00
	Mark-Up	0.56	0.58	0.58	0.58	0.58	0.66	0.66	0.66
	Customer	93.00	147.00	147.00	147.00	147.00	147.00	147.00	147.00
	Transaction	1.40	1.10	1.10	1.10	1.10	1.00	1.00	1.00
Supply	Purchse	1.00	1.00	1.00	1.00	1.00	1.00	1.00	1.00
Total	Purchse	56.50	66.50	66.50	66.50	66.50	49.00	49.00	49.00
	POS Sale	130.00	161.00	161.00	161.00	161.00	147.00	147.00	147.00
	Profit	73.50	94.50	94.50	94.50	94.50	98.00	98.00	98.00
	Mark-Up	0.57	0.59	0.59	0.59	0.59	0.67	0.67	0.67
	Customer	93.00	147.00	147.00	147.00	147.00	147.00	147.00	147.00
	Transaction	1.40	1.10	1.10	1.10	1.10	1.00	1.00	1.00
Grocery	Purchse	10.75	15.75	15.75	15.75	15.75	7.00	7.00	7.00
	POS Sale	23.00	28.00	28.00	28.00	28.00	21.00	21.00	21.00
	Profit	12.25	12.25	12.25	12.25	12.25	14.00	14.00	14.00
	Mark-Up	0.53	0.44	0.44	0.44	0.44	0.67	0.67	0.67
	Customer	15.00	21.00	21.00	21.00	21.00	21.00	21.00	21.00
	Transaction	1.53	1.33	1.33	1.33	1.33	1.00	1.00	1.00
Deli	Purchse	7.00	7.00	7.00	7.00	7.00	7.00	7.00	7.00
	POS Sale	19.00	21.00	21.00	21.00	21.00	21.00	21.00	21.00
	Profit	12.00	14.00	14.00	14.00	14.00	14.00	14.00	14.00
	Mark-Up	0.63	0.67	0.67	0.67	0.67	0.67	0.67	0.67
	Customer	13.00	21.00	21.00	21.00	21.00	21.00	21.00	21.00

위의 표와 아래의 표를 비교해 보자. 그로서리의 경우 이익률이 44.2% 이어야 비용을 상쇄하는 금액을 만들어 낼 수가 있

다. 이는 매입과 매출을 통해 주간 수익률을 통제해야 한다는 것을 나타낸다. 하지만 이때 주간 매입 예산을 주고 그 금액만 매입하는 경우 절대 매출이 늘어나지 않는 다. 따라서 주간 간격으로 예산을 주고 매입하는 방법 보다 분기 또는 년으로 장기적 관점에서 매출을 신장할 수 있는 조건을 만드는 것이 더 중요하다.

흔히 주간별로 매입 관리를 통해 판매하는 경우 잘 팔리는 상품의 추가 매입이 어려운 경우가 많다. 결국 추가로 구입하면 매출이 늘어나고 그 매출에서 이익이 발생하는 데 결국 포기하는 것이다. 그러므로 추가 구입을 제한하는 주간 매입 예산 안에서 구매하는 방식은 문제가 있다.

이때 구입 예산을 활용하는 방법은 잘 팔리지 않는 상품을 포기하고 잘 팔리는 상품을 구매하는 것이 좋은 방식이다. 하지만 이 방식도 문제가 있다.

소비자는 자신이 구매하고자 하는 상품이 한곳에 모여 있기를 원한다. 소비자는 특성상 한곳에서 모두 물건을 구매하고자 한다. 하지만 원하는 물건이 이 상점에 없다면 그는 일부 상품을 매입하기 위해 다른 상점을 방문해야 한다. 결국 손님의 수가 줄거나 1인 구매액이 작게 될 확률이 높아진다.

그러므로 손님 특성에 따라 상품 구비 비율을 적절히 조절해야 한다.

비즈니스 바이블

실전 경영 매뉴얼

발행일 | 2023년 7월 14일

지은이 | 최정재(데미안)
펴낸이 | 마형민
기 획 | 윤재연
편 집 | 임수안
펴낸곳 | (주)페스트북
주 소 | 경기도 안양시 안양판교로 20
홈페이지 | festbook.co.kr

ISBN 979-11-6929-309-9 13320
값 20,500원

* (주)페스트북은 '작가중심주의'를 고수합니다. 누구나 인생의 새로운 챕터를 쓰도록 돕습니다. Creative@festbook.co.kr로 자신만의 목소리를 보내주세요.